U0596915

思想与时代　04

凝心铸魂的历史主动

课程思政案例集

蒋传光　贺朝霞　主编
樊志辉　执行主编

中国出版集团　東方出版中心

图书在版编目（CIP）数据
凝心铸魂的历史主动：课程思政案例集 / 蒋传光，贺朝霞主编 . -- 上海：东方出版中心，2024. 9.
（思想与时代 / 樊志辉主编）. --ISBN 978-7-5473-2528-5
Ⅰ. G641
中国国家版本馆 CIP 数据核字第 2024FV5897 号

凝心铸魂的历史主动：课程思政案例集

主　　编　蒋传光　贺朝霞
执行主编　樊志辉
组　　稿　冯　媛
责任编辑　黄　驰
装帧设计　钟　颖

出 版 人　陈义望
出版发行　东方出版中心
地　　址　上海市仙霞路345号
邮政编码　200336
电　　话　021-62417400
印 刷 者　上海盛通时代印刷有限公司

开　　本　710mm × 1000mm　1/16
印　　张　12.5
字　　数　136千字
版　　次　2024年10月第1版
印　　次　2024年10月第1次印刷
定　　价　78.00元

序

经过认真的筹备，体现哲学与法政学院多学科特色的出版物——“思想与时代”系列正式出版了，这是学院学科建设和科研工作的一件大事。该系列将以每年举办的“哲学与法政学院学术论坛”收录的论文为基础，同时收录全院师生（含博士和硕士研究生）在各学科领域的高质量科研论文，每年出版两本，为全院师生的科学研究提供学术园地和科研支撑平台。

习近平总书记在哲学社会科学工作座谈会上的讲话中指出：“新形势下，我国哲学社会科学地位更加重要、任务更加繁重。”“历史表明，社会大变革的时代，一定是哲学社会科学大发展的时代。当代中国正经历着我国历史上最为广泛而深刻的社会变革，也正在进行着人类历史上最为宏大而独特的实践创新。这种前无古人的伟大实践，必将给理论创造、学术繁荣提供强大动力和广阔空间。这是一个需要理论而且一定能够产生理论的时代，这是一个需要思想而且一定能够产生思想的时代。”习近平总书记的讲话使我们每个哲学社会科学工作者感到使命光荣、责任重大，我们不能辜负这个时代。

哲学与法政学院现有哲学、法学、政治学、公共管理学、社会学等一级学科，是一个多学科并存，以应用文科为主的学院，在上海师范大学的哲学与社会科学学科建设和科学研究中居于重要地位。学院各学科的师生结合自己的专业，从不同的领域积极开展研究，为党和人民述学立论、建言献策，为国家和地方决策提供咨询服务，为繁荣我国的哲学社会科学贡献力量，这是我们应当承担的，义不容辞承担的社会责任。

哲学与法政学院出版的“思想与时代”这个系列，是学院学科建设、学术研究和学术交流的一项重要举措。因此，把这个系列持续做下去，并不断提高其质量，努力将其打造成学院的学术品牌和名片，是我们的目标。今后，学院将对如何办好“思想与时代”系列进一步认真谋划和设计，精心策划研究主题和研究栏目，鼓励学科融合和跨学科交叉研究，并加大支持力度。因为，办好“思想与时代”系列，对学院的学科建设、提高学院整体科研水平，加强学院内部和学科之间的学术交流，营造学院良好的学术氛围具有重要的促进作用。具体地说，出版“思想与时代”系列的意义体现在以下方面。

第一，有利于学院学术研究氛围的形成。学术研究是学科建设的支撑。大学承担着培养人才和知识创新的双重任务。高水平人才的培养和知识的创新，都是以高水平的学科建设为基础的，而高水平的学科建设又是以高水平的学术研究成果为支撑的。哲学与法政学院的学科建设和学术研究取得了一定的成绩，但与高水平学科建设的要求相比还存在着很大的差距，无论是科研产出的数量和质量，还是为国家和地方提供高质量决策咨询的能力都有待提高。出版本系列就是要以此推动学院各学科的学术研究，为广大师生提供科研平台，以此促进产出更多高质量的成果，使学院的学科建设在现有的基础上再上一个台阶。

第二，学术研究需要思想的交流和启迪。学术研究不能想当然，问题意识的形成一方面来自自己知识的积累、学术敏感性和深入的思考，以及实践的需求；另一方面来自学术交流中的思想碰撞和启迪。通过交流，可以双向获得收益，一是从别人的观点、看问题的视角、分析论证问题的方式方法中可以获得启示，触发自己的灵感；二是自己的观点、结论，经过别人的批评、质疑、追问，可以进一步得到完善和深化。本系列一方面就是要解决学院老师和研究生学术成果发表难问题；另一方面是给学院同一学科之间、不同学科之间的老师和研究生们互相交流、学习提供机会，进一步调动老师和研究生们从事科研的积极性。

第三，学术创新需要学科的交叉协作。在实现国家治理体系和治理能力现代化的过程中，面临同样的社会问题，可以从不同的学科视角去解读和探讨，并寻求相应的解决方案。这就意味着，研究同一社会问题的社会科学不同分支学科之间，存在着交叉、重合的部分。这种交叉、重合就为学科合作的可能性提供了前提。此外，同一社会问题的解决，手段往往也不是单一的，可能需要多种手段的综合并用。如何做到多种手段的协同并进，就需要不同学科之间联合攻关和学科之间的交叉，形成新的交叉学科。哲学与法政学院是社会科学门类较为集中的一个学院，而且哲学、法学、政治学、公共管理、社会学等学科之间有着较强的关联度，这就为学院内部各学科的合作研究提供了便利和基础。学院出版“思想与时代”系列，为各学科的合作起到牵线搭桥的作用。

第四，为学院各学科老师和研究生展示自己的研究领域或最新研究成果搭建平台。不同学科的老师和研究生在学习与研究中都有自己关注的领域和所思所想，并形成了相应的成果，如何把自己的学术智慧和成果与大家共享，需要一个平台，“思想与时代”系列就为每位老师和研究生搭建了这样一个展示和交流的学术平台。

“思想与时代”系列主要体现哲学与法政学院学科建设特色，在为本学院师生的科研提供服务平台的同时，对符合系列风格和内容要求，来自校内外的高质量稿件也持欢迎态度。

“思想与时代”系列这棵幼苗破土而出了，希望她能够顺利、茁壮成长！

2023 年 3 月 3 日

目　录

“刑法总论”课程中思政因素的融入

——以“于海明正当防卫案”为例

董璞玉*

2019年，习近平总书记在全国高校思想政治工作会议上强调，“要挖掘其他课程和教学方式中蕴含的思想政治教育资源，实现全员全程全方位育人”。2020年6月，教育部印发《高等学校课程思政建设指导纲要》，明确提出要在所有高校、所有学科专业中全面推进课程思政建设。2021年中共中央印发的《法治中国建设规划（2020—2025年）》中也明确要求，高校法学教育“理应培养信念坚定、德法兼修、明法笃行的高素质法治人才”。

为深入贯彻落实上述重要指示精神，上海师范大学哲学与法政学院积极开展教学工作研讨，探索“思政育人”与法学专业课结合的可能性与操作性。“刑法学”属于高校法学课程中的核心课程之一，作为这一课程的相关授课教师，对这一贯彻立德树人精神的高校教育改革之探索，自然更是责无旁贷。

本次作为课程思政展示案例的“刑法总论”，以刑法学的基础性、

* 董璞玉，上海师范大学哲学与法政学院法律系讲师。

理论性知识为主，其内容往往与较为晦涩拗口的专业术语和通常繁复冲突的理论学说相关联，对于受众而言理解并非易事，因此，在讲授时更加注重结合趣味性与知识性，往往就成为教学破局的关键所在。而“刑法学”中“正当防卫”恰恰属于此类适格知识点。“刑法案例教学着眼于基本案件事实进行刑事法律问题的分析，案件事实源于真切的生活事件，一贯保有其生动性和趣味性。”[1]而在适当的案例教学基础上，将学科知识点与课程思政内容巧妙融入其中，往往能起到“1+1＞2”的巧妙结合效果。

本次教学案例展示内容为《刑法学》第九章第二节的“正当防卫”部分内容，选用教材为高等教育出版社出版的“马工程”《刑法学上册·总论》，教学对象为本科2年级（2020级）学生，授课教师为董璞玉老师。

一、课程思政内容的教学设计

本次课堂教学，主要结合入选最高人民检察院典型案例的“于海明正当防卫案”（检例第47号）* 的具体内容，以及《刑法》关于正当防卫成立条件变化的历史沿革，我国司法实践中正当防卫运行的状况以及相关司法解释修改前后之反差等刑法学知识点，将有关的课程思政内容恰当融入各个环节之中。

《刑法学》第九章主要内容为“正当行为”，其中第二节“正当防卫”由正当防卫的概念特征、成立条件、特殊防卫以及防卫过当等若

* 在媒体及网络报道中亦称此案为“昆山龙哥案”、“昆山宝马反杀案”等称谓。为行文方便计，下文一律简称“反杀案”。

干具体知识点组成。正当防卫的成立条件主要包括起因条件、时机条件、主观条件、对象条件及限度条件等，其核心内容大多体现了“正对不正”的精神内核，呼应了社会主义核心价值观对于“公正”的基本要求；并且其关于防卫过当的立法规定，曾经历了79刑法限定为“不应超过必要限度造成不应有的损害”到97刑法“不应明显超过必要限度造成重大损害”这一立法趋势意味着“制度松绑”的变化，这一立法宣示意味着官方对于“见义勇为、弘扬正气”的正当防卫行为的提倡和鼓励；此外，在司法实践中，由于近年来若干典型的“正当防卫”案例（如下文提及的反杀案）的曝光，使得成为媒体及社会大众关注的焦点，进而在司法实践中“特殊防卫”（无限防卫）条款也得到成功激活，不再像过去停留在“书面条款”而长期难以得到现实援用的窘境，而这又与“司法公平正义”、“扫黑除恶常态化”、“社会治理长治久安”等等思政元素有所呼应和暗合。上述种种因素，使得正当防卫这一章节非常适合作为思政育人的刑法学课程展示内容。

二、课程思政内容的教学目的

（一）在结合具体案例，传授正当防卫基本知识点和讲授相关理论争议的同时，学生们认识到社会公平正义对于司法实践，乃至对于整个和谐社会而言的重要性。引导其具有“邪不压正”、弘扬正气、人人有责、正义不必向不正让步等基本认知。在强调扫黑除恶常态化，推崇社会治理能力现代化的今天，所有公民都应当认识到促成这一正能量社会风气的重要性。这也是“发展壮大群防群治力量，营造见义勇为社会氛围，建设人人有责、人人尽责、人人享有的社会治理共同体”的应有之意。

（二）结合正当防卫认定、特殊防卫条款等刑法明文规定的出罪内容，在过去“遇冷”而现今“松绑”的司法实践现实境遇，为未来的“司法工作者预备队”灌输公正司法的理念，“相同案件相同对待”的基本法理，认识到“使人民群众在亲历的每宗司法案件中都能感受到公平正义，是确保司法公正高效权威的出发点和落脚点，也是健全公平正义法治保障制度的重要标志”。

三、课程思政内容的课中融入

高校思政教育理应“因事而化、因时而进、因势而新”，“要运用新媒体新技术使工作活起来”。本次课程中所使用的配套教学视频，就是CCTV1《今日说法》栏目关于反杀案的详细报道。

材料一：《今日说法》对于反杀案的专题节目。

问题设计：你认为视频中的于海明的具体行为成立正当防卫还是防卫过当？如果认定为防卫过当，应当构成何种具体罪名？请结合《刑法学》相关知识作出具体分析。

材料二：《于海明正当防卫案》（检例47号）的视频报道及具体内容。（略）

材料三：“反杀案”曝光后媒体报道中社会各界及若干学者对于海明行为的认知及定性，相关争议汇总。（略，主要为“防卫过当”vs“正当防卫”）

问题设计：你认同其中何种观点？请结合相关知识点做出进一步说明。

思政元素设计：在评议环节，结合最高检对于反杀案中“不法侵害人从轿车内取出砍刀对防卫人于海明实施侵害。在砍刀被于海明抢走后，侵害人又跑向之前藏匿砍刀的轿车。此种情形下，站在一般人的立场，完全可以认为侵害人很可能是要寻找其他凶器继续实施侵害，不法侵害并未结束。因此，于海明继续追砍两刀的行为，仍具有防卫性质”这一具体分析，指出：无论是正当防卫的“起因条件”要求“必须有不法侵害发生”，还是时机条件要求的“不法侵害必须已经开始尚未结束”，或者主观条件要求的“必须为制止国家、社会、本人或他人正在遭受的不法侵害而施行”这一主观条件，这些通说的成立条件所体现的无一例外，都是《刑法》对于“正对不正”这一正当防卫核心理念要素的肯定，这显然与社会主义核心价值观所倡导的“公正”“法治”要素内核一致。同时也是向社会彰显“法不能向不法让步”的理念，鼓励公民见义勇为、弘扬社会正气。

此外，反杀案入选最高检的典型指导案例和两高一部2020年关于正当防卫司法解释文件中收录的指导性案例，这一收录行为既维护了公民自卫权，弘扬了社会正气，也有助于让“法不能向不法让步”成为社会共识。正因为有了法律“撑腰”，在面临不法侵害时，民众才有向“不法”斗争和维权的底气。

材料四：“97刑法施行以来，正当防卫制度在司法适用中总体呈保守态势……从刑事司法实践情况来看，长期以来，受‘唯死伤者大’和‘杀人偿命’等传统观念对司法价值的过度影响、对正当防卫构成要件理解的机械化、认定标准的认识分歧以及司法裁判者的利益顾虑等因素的影响，正当防卫制度在司法实践中的运用率长期低位徘徊，导致正当防卫从‘违法犯罪行为的斗争武器’沦为‘沉睡条款’

甚至‘僵尸条款’，严重限制了该制度功能的发挥，也造成了诸多情理法不合的现象。”

问题设计：你如何看待材料中这种现象？

思政元素设计：正当防卫源起于人类的防卫本能。随着社会发展，防卫权由本能发展为法律认可的权利，防卫行为由私力报复演变为社会认可的法律行为。《刑法》中明确规定了正当防卫不承担法律责任，意味着符合法定条件的防卫者本就属于正当行为，但司法实践中大量“死人必追责”的默认，导致这些“守法行为”反而错误遭受了不应有的法律追究，这显然是与法治社会鼓励公民守法的基本价值倾向相违背。相关文件中也曾指出，应当完善社会成员守法激励机制。“坚决改变违法成本低、守法成本高的现象，让遵纪守法成为理性选择……依法规范正当防卫、见义勇为的认定标准，有效防控善行义举的法律和道德风险，推动形成好人好报、德者有得的正向效应。”

材料五：“自‘于欢案’及‘反杀案’等热点案例曝光以来，正当防卫成为社会关注重点……最高人民检察院陆续发布了一系列指导性案例、典型案例，并与最高人民法院、公安部联合出台《关于依法适用正当防卫制度的指导意见》，仅2019年和2020年因正当防卫不捕不诉819人，是之前两年的2.8倍。”

问题设计：结合前述材料五，你如何看待这一司法实践数据的前后变化？

思政元素设计：二十大报告再次重申“严格公正司法”，“公正司法是维护社会公平正义的最后一道防线”，“让人民群众在每一个司法案件中感受到公平正义”。显然，“同案同判”是刑事司法起码应有的品格，在正当防卫相关案件中更应如此。过去对正当防卫的认定显然存在一定“同案不同判”的现象出现，实质上便是“有法不依”的体现，并由此导致了若干“司法不公”处境的发生。“执法司法中哪怕发生万分之一的失误，对当事人而言就是百分之百的绝对的伤害”。刑事司法推崇公平正义，公平正义绝非抽象的辞藻或者空洞的口号，应当将法律规范上的公平正义，经司法程序在每一个具体案件中转化为具体化、现实化的公平正义，才是司法者应有的价值追求和品格操守。

参考文献

［1］陆敏.刑法案例课程思政教学的规范化问题［J］.社会科学家，2021（7）：152.

《刑事热点案例研习》中思政因素的融入

——以“贺建奎基因编辑婴儿案”为例

董璞玉*

2019年，习近平总书记在全国高校思想政治工作会议上强调，“要挖掘其他课程和教学方式中蕴含的思想政治教育资源，实现全员全程全方位育人”；2020年6月，教育部印发《高等学校课程思政建设指导纲要》，明确提出要在所有高校、所有学科专业中全面推进课程思政建设。2021年中共中央印发的《法治中国建设规划（2020—2025年）》中也明确要求，高校法学教育“理应培养信念坚定、德法兼修、明法笃行的高素质法治人才”。

为深入贯彻落实上述重要指示精神，上海师范大学法政学院积极开展教学工作研讨，探索“思政育人”与法学专业课结合的可能性与操作性。“刑法学”属于高校法学课程中的核心课程之一，作为这一课程的相关授课教师，对这一贯彻立德树人精神的高校教育改革之探索，自然更是责无旁贷。

本次作为“课程思政展示案例”的“刑事热点案例研习”课程，

* 董璞玉，上海师范大学哲学与法政学院法律系讲师。

属于依托于“刑法学”学科知识而下设的校级选修课。有学者指出，“刑法案例教学在思政育人的问题上享有得天独厚的优势……犯罪与刑罚既是法律问题，也是社会问题，其中思政育人的价值引领具有现实的代入感和互动性”。作为一门“常学常新”的课程，“刑事热点案例研习”并无指定教材，而是时常需要紧跟时政热点，不断更新课程内容，通过典型案例教学引入具体刑法学知识，启发学生通过书本理论知识与司法实践案例的对照研究基础上，获得相应启迪。因此，在每节具体课程中，思政元素的引入也需要因势利导，追求“将思政元素巧妙融入专业知识当中”，以起到润物无声的教学效果。

以下结合《刑法学》（下）第二十三章妨害社会管理秩序罪第六节“非法植入基因编辑、克隆胚胎罪”的理论内容及司法实践中的案例进行讲授。

一、教学设计

高校思政教育理应因事而化、因时而进、因势而新，要运用新媒体新技术使工作活起来。

课程环节1：选播视频美国科幻电影《千钧一发》（*Gattaca*）开头片段（经个人剪辑）。

片段大意：在预想的“不远的将来”（The Not-Too-Distant Future）这一未来世界中，由于科学技术的进步，“基因编辑优化”技术已经变成可选择的医学需求，允许医生按父母的需求，提取结合父母的最优基因组合，这些组合可以排除一切医学上的不利后果，甚至定制新生儿对应的性别、颜色、行为倾向、身体特征等一系列因素。而随之而来的后果是——人类的社会阶级自新个体出生伊始就注定好了划分，由“基因优化人”组成的精英阶级可以获得更多优越的工作、财富和权利，由“自然人”（非经基因编辑而自然出生者）组成平民阶级，而这一切都因为基因的不可改变而被固化，继而使得“基因歧视”——继种族歧视、贫富歧视后人类社会的“第三种歧视”——成为普遍现象。

问题设计：人类基因技术发展的边界如何界定？法律规范对基因技术发展的规范如何实现？

课程环节2：贺建奎案相关材料阅读讲解及课堂讨论

2003年由科学技术部、卫生部联合制定的《人胚胎干细胞研究伦理指导原则》规定：利用体外受精、体细胞核移植、单性复制技术或遗传修饰获得的囊胚，其体外培养期限自受精或核移植开始不得超过14天。“人类胚胎研究不得超过14天”这一原则，与国际生物医学界通行至今的基本准则相一致。

南方科技大学原副教授贺建奎宣布一对名为“露露”和“娜娜”的基因编辑婴儿于2018年11月在中国健康诞生，由于这对双胞胎在胚胎阶段的一个基因（CCR5）经过人为修改，她们出生后即能天然抵抗艾滋病病毒（HIV）。这一消息迅速激起轩然大波，震动了世界。接下来的几天内，国家卫健委、科技部先后发声对这一涉嫌严重违反伦理道德和科研诚信的违法违规行为表示谴责，并欲追究相关责任人责任。

2019年，“基因编辑婴儿”案在南山区人民法院一审公开审判。贺建奎等3人因共同非法实施以生殖为目的的人类胚胎基因编辑和生殖医疗活动，构成非法行医罪。法院依法判处贺建奎有期徒刑三年，并处罚金300万元。

2021年《刑法修正案（十一）》增加了“第三百三十六条之一非法植入基因编辑、克隆胚胎罪”——将基因编辑、克隆的人类胚胎植入人体或者动物体内，或者将基因编辑、克隆的动物胚胎植入人体内，情节严重的，处三年以下有期徒刑或者拘役，并处罚金；情节特别严重的，处三年以上七年以下有期徒刑，并处罚金。

“就目前研究成果来看，有关基因编辑的法律含义和刑法层面的学术研究非常缺乏，难以为刑事立法上的法益衡量提供指南，并且这一问题也并不因为《刑法修正案（十一）》的颁布而终结，而是存在不少需要反思与检讨的地方。”

问题设计：刑事立法的规定表明国家对基因编辑、克隆胚胎技术的发展进行哪些限制？采用刑事手段对这些行为进行规制的目的何在？

二、教学目的

本案例拟定的基本思路是：从刑事热点案例“基因编辑婴儿案”的案情入手，结合《刑法修正案（十一）》新增设的罪名“第三百三十六条之一：非法植入基因编辑、克隆胚胎罪”的修法背景，以及近年来中央关于“总体国家安全观”的一系列重要宣示，经由课堂讨论，最终引导学生获得如下认知。

其一，“生物安全”作为“总体国家安全观”的重要组成部分，看似离一般民众的日常生活有一定距离，但其实与每个个体，甚至与整个国家、民族乃至世界的未来都休戚相关。2021年，中共中央政治局就加强我国生物安全建设进行第三十三次集体学习，强调“生物安全关乎人民生命健康，关乎国家长治久安，关乎中华民族永续发展，是国家总体安全的重要组成部分，也是影响乃至重塑世界格局的重要力量”。有鉴于此，刑法有必要重申其“保障法”的立法定位，发挥其“刑事保障”的基本职能，扩张刑事法网，增设新型罪名，以修法入罪的形式对危害生物安全的客观行为予以严厉打击，及时规制，将风险扼杀于摇篮之中。

其二，对选修本课程的诸位学生的未来人生规划而言，无论是作为“新时代法治青年人才预备队”，还是将会在其他不同领域发光发热，都应当强化自身对于“家是最小国，国是千万家”的认知，认识到在总体国家安全观的指导下，“国家安全”已经不局限于传统的反间谍、情报工作等政治安全领域，而是与日常生活的方方面面息息相关，因此，“国家安全，人人有责”，只有人人参与，人人负责，提升安全认知意识，主动将生活中潜在的危害风险因素及时上报，“防微杜渐、打早打小”，才能在事实上使国家安全工作获得稳定的群众性基础，从长远来看，全体人民都将因此而受益。

三、课程思政元素体现

（一）生物类、环境类犯罪为代表的新兴犯罪领域，绝非单纯的“专业事项”，而是长远来看与所有人息息相关的国家安全的重要组成部分。

不断完善生物安全的刑法保护体系，提升生物安全的刑法保护能力。生物安全风险是风险社会中典型的非传统安全威胁，具有突发性、扩散性和不确定性等特征，且目前正在以无法预料的速度和频率在全球范围内扩散。同时，生物安全风险一旦现实化为实际危害结果，那将是灾难性的，不管是对个人还是对社会、国家乃至全人类，都将是难以承受的伤痛。

（二）对生物安全为代表的新兴国家安全领域加以规制，标志着刑法向“事前预防”转型的重要趋势。

在二十大报告中，习近平总书记强调“推进国家安全体系和能力现代化，坚决维护国家安全和社会稳定”，并专门强调了有效提高公共安全治理水平，完善公共安全治理体系并推动相应国家治理模式向事前预防转型的重要性。显然，刑法作为公共安全治理体系的重要组成部分，也应当以上述基本定位重新审视自身定位，适应新时代的特殊需求，并实现有效公共治理的基本需要。

生物安全风险是生物科技时代出现的非传统安全威胁，事关人民生命健康、社会和谐稳定、国家长治久安和民族永续发展。显然，传统刑法不能再囿于固有的“事后惩戒”为主的定位，需要刑法对其加以规制保障。

“刑法学”课堂教学中的法理与情理

——以“上海师范大学巧克力女孩网暴事件”为案例

董璞玉*

根据教育部《高等学校课程思政建设指导纲要》的要求，高等学校的法学教育，要在课程教学中坚持以马克思主义为指导，加快构建中国特色法学学科体系、学术体系、话语体系。同时，要帮助学生了解相关专业和行业领域的国家战略、法律法规和相关政策，而且要引导学生深入社会实践、关注现实问题，培育学生经世济民、诚信服务、德法兼修的职业素养。作为法学教学的核心课程，刑事法律教学的课堂中不仅要帮助学生理解规范、适用法律，而且还应当引导学生客观看待社会生活中的前沿热点问题，形成正确的价值观和道德理念。

“最好的课程思政是体现不出课程思政的痕迹”，将课程思政元素润物细无声地融入课堂教学中是最理想的课程思政教学模式。结合《刑法学》的课堂教学，会涉及大量的案例，能够引起学生的兴趣，可以利用这一特征，尽量选取贴近生活的案例，尤其以现实生活中发

* 董璞玉，上海师范大学哲学与法政学院法律系讲师。

生的案例作为教学案例，能够唤起学生对相关法律知识的学习热情，而且在对相关法律行为进行法律评价的过程中，向学生传递正确的是非观念，引导学生在现实生活中学会保护自己行使权利的同时也要规范、约束个人行为，防止侵犯他人的权益，扰乱社会的秩序。

以下结合《刑法学》第二十章“侵犯公民人身权利、民主权利罪”中“侮辱、诽谤罪”的教学设计来作为课程思政的案例展示。

一、教学设计中立德树人的体现

《刑法学》第二十章的内容是侵犯公民生命权、健康权、名誉权、民主权等与人身直接相关的权利，具体涉及故意杀人罪、故意伤害罪、强奸罪、侮辱罪、诽谤罪等犯罪成立条件及司法判断标准等相关问题的探究。在课堂教学过程中，首先，会通过案例引入，最好是能够附带判决的真实案例，先让学生对某一罪名对应的犯罪行为有概括性的认识；随后，教师会让学生依照刑法总则中犯罪构成理论体系的框架结构，分组讨论，详细讨论犯罪成立条件；之后，教师对学生的讨论结果进行分析，详细阐释具体罪名的成立条件及判断标准。因为侵犯公民人身、民主权利犯罪的属性是自然犯，学生根据社会生活常识已经初步具备判断罪与非罪的能力，再采用讲授与讨论相结合的方式带领学生加深学习法律基本知识。

在学习法律专业知识的基础上，还要进一步开展德育教育，既要实现“教书”的目的，也要实现“育人”的理想。课程思政的本质是立德树人，在法学课堂上开展德育教育具有天然的优势性，因为法学教育本身就是在帮助学生了解国家现行法律规定、刑事政策，学习法律知识的过程实际上也是在帮助学生认清社会行为规范以及行为边界。当然，法律教育与道德教育之间还存在一定的差异性，因为法律和道德是两种不同评价标准的行为规范准则，法律是人们社会生活中最低的行为准则，而道德规范是对人们素质更高层面的要求，因此在帮助学生学习法律基础知识，提升其法律实践能力和判断水平的基础上，还要进一步阐释立法背后的理论蕴含及社会价值，引导学生在守法的基础上提升个人的道德水平和是非认知能力。

在侵犯公民人身、民主权利犯罪的课程中，教师将从三个方面对学生进行引导。首先，明确行为的危害性。侵犯他人生命、健康、自由和名誉，严重侵害他人的基本权利，扰乱社会秩序，是违背道德甚至违反法律的行为。其次，阐明违法行为的严重后果。我国是文明法治社会，已经建构起相对完善的法律规范体系，在当前的社会背景之下，侵犯他人生命、健康、自由和名誉的行为必然会受到法律的制裁。最后，提出正确的行为规范。作为接受高等教育的学生，道德水平和法律意识都应该相对成熟，在学会维护个人权利的基础上应当谨言慎行，严格约束个人的行为。

二、课程思政元素融入教学内容

（一）以“上海师范大学巧克力女孩”网暴事件为典型案例

2022年4月上海正在遭受疫情的考验，上海师范大学徐汇校区也启动封闭管理。在此情况下，我们学校的研究生陈同学在做小区志愿者的同时还心系着在学校的同学们，于是把自己勤工俭学辛辛苦苦积攒的5万元拿出来给同学们买巧克力。她觉得在特殊时期，给大家送上这样一份礼物，是想让大家开心点。这本是一个令人感动的温情故事，但在网络上却被异化成另一种模样，明明是家境普通的大学生奉献爱心为同学们加油鼓劲，却被网络上的“键盘侠”恶意揣测，蓄意抹黑、诋毁。陈同学因网络暴力遭受巨大痛苦。面对这种情况，学校第一时间组织网络暴力主题班会，在努力安慰陈同学的同时，通过公众号等多种渠道为陈同学正名，积极与网络暴力做抗争。结合现实生活中发生的案件，请同学们思考，在网络空间中侵犯他人名誉的行为应当如何认定。

（二）侮辱罪、诽谤罪的法律规定及刑罚条件的讲解

我国《刑法》第二百四十六条规定：以暴力或者其他方法公然侮辱他人或者捏造事实诽谤他人，情节严重的，处三年以下有期徒刑、拘役、管制或者剥夺政治权利。前款罪，告诉的才处理，但是严重危害社会秩序和国家利益的除外。通过信息网络实施第一款规定的行为，被害人向人民法院告诉，但提供证据确有困难的，人民法院可以要求公安机关提供协助。根据以上规定的内容，我国刑法规定“侮辱罪”“诽谤罪”以规制严重侵犯公民名誉权的行为。具体来说：侮辱罪，是指使用暴力或其他方法，公然败坏他人名誉，情节严重的行为。诽谤罪，是指散布捏造的事实，足以败坏他人名誉，情节严重的行为。因为，从刑法规定的内容来看，我国法律明确禁止任何形式侮辱、诽谤他人，法律层面上对损毁他人名誉的行为持否定态度。

从刑事犯罪构成的角度分析，侮辱罪的犯罪客体是公民的名誉权；犯罪客观方面是使用暴力或者其他方法，公然败坏他人名誉，这里对“公然性”的理解应当与时俱进，当前已经是网络时代，而网络

时代信息流动的去中心化使得人们接收的信息面日渐趋于扩大化公开化，所以在网络空间中损毁他人名誉的也可以理解为公然侮辱他人；犯罪主体是已满16周岁具有完全刑事责任能力的自然人；主观方面是故意。诽谤罪的犯罪客体是公民的名誉权；客观方面是散布捏造的事实，足以败坏他人名誉，情节严重的行为；犯罪主体也是一般主体，主观方面是故意。近些年随着网络应用的普及，犯罪行为方式也发生变化，2013年最高人民法院、最高人民检察院《关于办理利用信息网络实施诽谤等刑事案件适用法律若干问题的解释》中就对网络诽谤行为进行解释："（一）捏造损害他人名誉的事实，在信息网络上散布，或者组织、指使人员在信息网络上散布的；（二）将信息网络上涉及他人的原始信息内容篡改为损害他人名誉的事实，在信息网络上散布，或者组织、指使人员在信息网络上散布的；（三）明知是捏造的损害他人名誉的事实，在信息网络上散布，情节恶劣的，以'捏造事实诽谤他人'论。"而且司法解释对"情节严重"也作了相对明确的说明："（一）同一诽谤信息实际被点击、浏览次数达到五千次以上，或者被转发次数达到五百次以上的；（二）造成被害人或者其近亲属精神失常、自残、自杀等严重后果的；（三）两年内曾因诽谤受过行政处罚，又诽谤他人的；（四）其他情节严重的情形。"

（三）课堂交流

结合案例及侮辱、诽谤罪犯罪成立条件的内容设置几个问题：其一，网络暴力的危害性有哪些？网络暴力能否成为刑法处罚的对象？其二，案例中，在网络空间中公开辱骂他人，或者捏造不实的谣言损毁他人名誉的行为，是否构成侮辱、诽谤罪？如果构成犯罪，应当如何规制？其三，从法律层面上，现实生活中面对网络暴力，应当如何维护个人权利，或者如何帮助他人维护个人权利？其四，针对发生在我们生活中的真实案件，大家有什么想法，对个人而言有何启发？根据学生人数适当分配小组，针对以上问题进行小组讨论，并要求小组讨论后，根据讨论结果派代表发言。全班同学结合现实案例和刑法理论知识进行深入交流，不仅在专业内容上进行思考，而且能够通过同学之间的互相影响，引导学生树立正确的价值观念。

三、课程总结

课堂讨论、交流后，教师要做系统性的全面总结。

从法理层面上。其一，网络暴力是通过语言的形式攻击，对被害人心理造成伤害，这种无形的伤害轻则造成心理创伤，重则导致伤害、死亡结果。现实生活中因不堪网络暴力而自杀、自伤的案件已有先例。同时，网络暴力事件导致被害人自伤、死亡的结果也会造成恶劣的社会影响，严重扰乱网络空间和现实社会的秩序，因此网络暴力具有严重的社会危害性。而刑法处罚的对象是具有社会危害性的行为，所以网络暴力完全可能成为刑法规制的对象。其二，在本案中，有部分行为人公开批评辱骂他人，捏造事实诋毁他人，已经严重损毁他人名誉，在行为类型上符合侮辱、诽谤罪的行为类型，但是否构成犯罪尚需进行违法程度的具体判断，但此类行为有构成侮辱、诽谤罪的可能性。若构成侮辱、诽谤罪可处“三年以下有期徒刑、拘役、管制或者剥夺政治权利”。其三，侮辱、诽谤罪是刑事诉讼法中告诉才处理的案件，现实生活中若遭遇网络暴力，应当及时留存证据，不畏惧，相信法律的力量，必要时候可直接向人民法院提起诉讼。

从情理层面上。这一案件对大学生有一定的警醒，网络空间匿名性的特征使得人们享有更自由的空间，但也有部分人在相对自由的环境中放松对个人的道德约束和法律约束，肆无忌惮地实施侵害他人的行为，但网络空间从不是法外之地，网络也不是披在违法犯罪人身上的隐形衣，即使在网络空间中每个人也应当谨言慎行，要对个人自身的言行负责，言论不能触及基本道德的底线和违背法律规范。另外，在全媒体时代获取信息的渠道被大面积拓展，在信息接收时，应当保持清醒和冷静的态度，不能人云亦云，要有甄别判断事实的能力，不要随波逐流成为网络暴力的“帮助犯”。再者，从法律专业知识之外来审视这一案例，陈同学的行为是值得我们赞扬的，在特殊时期关心自己在校的同学们，尽己所能为他们送去温暖，这是年轻人社会责任感的一种体现，也是一种正能量的传递。作为她的老师和同学，当她因为别人恶意攻击而饱受痛苦时，我们也应该尽己所能帮助她维护个人的权利，这种互助友爱的集体主义观念将对我们的生活产生积极影响。

四、课后强化

通过课程的学习和交流，不仅增强了学生集体主义观念和社会责任感，还激发了学生的学术研究热情。学生结合本案的内容和相关理论知识，在大学生挑战杯项目中以“全媒体时代网络暴力被害人权利保护的对策研究”为题目，采用问卷调查的方式，总结当前网络暴力事件中被害人的维权现状及困境，结合我国当前法律规范思考被害人权利维护困难的原因，并从多层次、多角度思考破解维权困境的方法。因此，通过本课程，学生不仅了解了刑法中“侮辱、诽谤罪”的犯罪成立条件及判断标准，而且对网络暴力事件的表现形式及其危害有了深刻的认识，在学习过程中培养学生独立思考的能力和判断是非的能力，同时还帮助他们在集体生活中培养团结友爱、互帮互助的感情。

“坚定历史自信、文化自信”思想融入课程思政体系的探索

——以“社会心理学”课程教学设计与实践为例*

杜立婕　刘雅昕**

摘要

作者通过学习和理解二十大报告中“坚定历史自信、文化自信”、“坚持和发展马克思主义，必须同中华优秀传统文化相结合”、“增强中华文明传播影响力”等精神，将其思想融入具体的课程思政体系的探索和设计中，并撰写了系列论文。这篇论文主要以“社会心理学”课程的设计为例，对其中课程知识点中的思政元素提炼，课程内及课程间的思政要素融合、课程思政的理论与实践的融合等问题进行了探讨。“社会心理学”课程覆盖面广，常常设置为社会学、心理学、

* 文章受到资助的基金编号：国家社会科学基金“中国文化在加拿大新移民中的传承模式和发展路径研究”（No. 22BMZ141）。

** 杜立婕，上海师范大学哲学与法政学院社会学系副教授，硕士生导师。刘雅昕，上海师范大学哲学与法政学院社会学系2021级人类学研究生。

社会工作、教育学、管理学等本科专业的必修课和基础课。该案例的设计针对上海师范大学社会工作本科专业的学生，符合学校的培养目标和专业的培养计划，课程思政能够坚定社会主义办学方向，体现高等教育立德树人的根本要求，与思政课程同向同行，形成协同效应，实现全员育人、全过程育人、全方位育人的大思政教育目标。

关键词：党的二十大报告；历史自信；文化自信；社会心理学；课程思政

一、序　　言

（一）学习和领会“二十大报告”中的相关论述和思想

2022年10月25日，习近平总书记在党的二十大报告中，提出“坚持和发展马克思主义，必须同中华优秀传统文化相结合”，我们的教学制度、道路实质上与我们党的路线方针政策一贯都体现着与中华优秀传统文化相结合，但在理论上的明确概括还待补充。“坚持和发展马克思主义，必须同中华优秀传统文化相结合”这是对历史的深刻总结，是对规律的深刻揭示，也是对未来理论发展的正确引领，代表了中国共产党人新的觉悟、新的认识高度，也体现了中国共产党和中国人民强烈的文化自信与文化自觉。只有植根本国、各民族的历史文化沃土，马克思主义真理之树才能根深叶茂。2022年10月31日，中央教育工作领导小组秘书组、教育部党组印发通知，对教育系统深入学习宣传贯彻党的二十大精神作出部署安排，其中提出“将党的二十大精神有机融入思政课教学和专业课教育教学”。

教师通过学习二十大报告中的相关论述，以及上述通知的精神，领会其中的重要思想，将课程思政融入“社会心理学”课堂教学建设全过程，结合课程特点，挖掘课程中的思政元素，丰富课堂教学内容。中华优秀传统文化源远流长、博大精深，是中华文明的智慧结晶，其中蕴含的天下为公、民为邦本、为政以德、革故鼎新、任人唯贤、天人合一、自强不息、厚德载物、讲信修睦、亲仁善邻等，是中国人民在长期生产生活中积累的宇宙观、天下观、社会观、道德观的重要体现，同科学社会主义价值观主张具有高度契合性。我们必须坚定历史自信、文化自信，坚持古为今用、推陈出新，把马克思主义思想精髓同中华优秀传统文化精华贯通起来、同人民群众的共同价值观念融通起来，不断赋予科学理论鲜明的中国特色，不断夯实马克思主义中国化时代化的历史基础和群众基础，让马克思主义在中国牢牢扎根。

教师在进行课程设计时，充分挖掘“社会心理学”课程中的思想政治教育元素，突出“社会心理学”中的中国研究，增强学生对社会心理学中“民族心理学”领域中的中国本土研究的知识教育，在理解东西方文化差异中增强学生的文化自信。根据时代需求，思政教育进课堂，将专业知识教育与思想政治教育紧密结合，本课程帮助学生系统掌握社会心理学的基本概念、理论和研究方法，使得学生能够从社会、文化和个人三个不同的层面解读人的行为。社会心理学虽然诞生于西方，但是进入中国一百多年来，中国学界已积累了丰富的本土研究经验，中国本土的文化人类学致力于描述中国社会文化的特殊性，解释中国人行为背后的社会文化原因。学生需要在理解社会心理学基本概念的基础上，对中国文化和中国人的社会行为方式特点有所把握。

（二）“社会心理学”课程内容和思政目标介绍

“社会心理学”课程覆盖面广，常常设置为社会学、心理学、社会工作、教育学、管理学等本科专业的必修课和基础课。社会心理学是在社会学和心理学的交叉领域形成的学科，社会学家和心理学家在编写教材时都分别呈现了自己的学科特色和专业倾向。该案例设计中的“社会心理学”课程内容和目标，主要是结合本校办学定位、专业特色和人才培养要求，立足课程本身教学目标要求和质量标准，提炼概括适切的思想政治教育元素，明确课程思政建设目标和内容重点。该案例设计是针对上海师范大学社会工作本科专业学生，符合学校的培养目标和专业的培养计划，课程思政能够坚定社会主义办学方向，体现高等教育立德树人的根本要求，与思政课程同向同行，形成协同效应，实现全员育人、全过程育人、全方位育人的大思政教育目标。

上海师范大学社会工作专业的培养目标，是面向社会发展的应用型专业，社会工作专业归属社会学一级学科，学生毕业后授予法学学士学位。社会工作专业就业范围很宽，如机关、企事业单位、公益组织、社区、学校、医院等都是社会工作专业毕业生可择业的去处，社会工作专业是一门助人的专业，培养的目标是能在党政机关、企事业单位及社会组织等部门和领域从事社会工作服务与社会福利管理等方面工作的复合应用型专业人才。而“社会心理学”旨在探究人的心理现象及其发生发展机制，揭示人与社会的关系，促进人的健康发展，对于培养学生的职业能力和基本素养起着奠基性作用，旨在培养能够运用知识和技巧以协调个人、家庭问题，挖掘社区与社会发展的潜能，改善人们生活质量的社会服务、管理与研究方面人才。

“社会心理学”是社会工作基础性专业课程，本科一年级开设，与后面其他社会工作专业课如“个案工作”“小组工作”“社区工作”等一起联动，协同开展课程思政教学改革。作为学生最早接触的专业知识课程，“社会心理学”应该率先进行思政元素融入，引导学生深刻理解并自觉实践社会工作行业的职业道德规范，如尊重个人价值尊严、提升案主发展潜能、提高专业技能水平、及时反映社会需要、协助解决社会问题等，深化学生的职业理想并增强其职业责任感，实现专业教学与思政教育的深度融合。因而“社会心理学”课程天然具备思想政治教育的能力。“社会心理学”课程思政的目标包括：厚植浓浓的爱国情怀、培育社会主义核心价值观、培养专业认同感；心理健康教育与个案辅导能力；心理学基础知识、研究方法和学校心理健康教育知识。

二、“社会心理学”课程思政融入课堂教学的基本思路

“社会心理学”课程思政教学改革的基本思路和实践主要从提升教师课程思政建设的意识与能力、优化“社会心理学”课程思政的教学路径、改革教学评价方式与方法这三方面内容展开。

挖掘思政元素要注意把握与专业课教学的均衡性，考虑课时限制，不能影响专业知识的学习。实施课程思政不是离开专业教学内容

专谈思想政治教育，而是通过教师的巧妙设计，在进行专业教学过程中使蕴含其中的思政元素自然而然地流露出来，让学生在专业知识的学习中不知不觉地接受思想政治教育。

在社会心理学教学中开展思政教育要摒弃传统的“满堂灌、灌满堂”的授课方式，注意教学方法的多元化。充分发挥教师的主导作用，体现学生的主体地位，注重师生互动，强化学生参与。要充分利用现代化的教学手段，线上线下结合、课上课下联动，构建多维度综合教学模式，调动学生学习的积极性，为课程思政的开展提供良好的操作平台。具体来说，可以通过教师对社会心理学基本知识和基本原理的讲授，将蕴含其中的思政元素主动地传递给学生。同时，通过小组讨论、实地训练、自我分析、影视欣赏等多种实践活动形式，引导学生自我体验、自我感悟，使相关思政元素于无形之中入脑入心，优化品德，提升素养。

三、“社会心理学”课程思政教学设计与实践

（一）充分挖掘和精准提炼“社会心理学”知识体系中所蕴含的思政元素

进行课程思政教学改革的目的不是另开一门思政课程，而是结合专业课的教学内容，挖掘蕴涵其中的思政元素，在传授专业知识的同时进行思政教育。因此，找准内在的思政元素非常重要，找到介入的契合点和着力点，这样才能使思政教育自然而然和水到渠成。教师对教学内容中的思政元素进行提炼，并融入课程设计中，如下表所示：

教学内容	思政元素	课程思政融入设计
绪论	文化自信	社会心理学中的民族心理学部分，引入中国人的文化心理、中华民族共同体意识等概念，突出中国人不同于西方人的民族心理。
社会心理学研究方法	职业道德修养、严谨的科学精神	通过社会心理学研究方法和伦理的讲解，培养学生的职业道德和严谨的科学精神。
社会化和社会角色	责任感、担当精神	通过对社会角色知识的讲解，培养大学生的责任感、社会担当精神。
社会认知	客观评价他人、对自己和他人行为进行合理归因	通过案例，引导学生学会客观评价他人，克服偏见，包括地域偏见和各类歧视。
社会态度	形成正确的人生态度	通过案例视频等教学活动，引导学生形成正确的人生态度。
群体行动和社会影响	克服消极的从众行为，不信谣，不传谣	通过案例讲解，引导学生不盲从、判断是非的能力，不参与影响社会稳定的群体性事件。
群体心理和社会情感	幸福感、集体荣誉感，树立爱国主义情操	通过观看视频和讨论，引导学生回忆曾经听过或者唱过的爱国歌曲和音乐，抒发当时引发的情感，激发和培养学生的爱国主义情怀。
团体与领导	团体内的心理	通过案例引导，引导学生遵章守纪，维护集体秩序。
利他与侵犯	利他助人的情境和阻止侵犯的策略	教育学生惩恶扬善，培养正义感。

社会心理学研究人在社会场景中的心理和行为规律，内容繁多，思政元素丰富，所以社会心理学课程思政元素的挖掘必须遵循精准原则：一是要准确，紧紧结合专业学习，由专业知识自然生发，不能牵强附会；二是要精确，不能贪多，不能冲击专业教学。这样才能把规定动作做到位，把自选动作运用好。遵循课程思政的教学设计原则，按照国内社会心理学教材一般的章节架构，教师对每部分内容蕴含的思政元素进行认真的分析与提炼，然后再设计教学方法，组织教学活动。

（二）课程思政的实施渗透于专业教学过程之中，创新教学方法和评价机制

1. 课堂小组活动，就是把全班同学分成若干学习小组，在课堂上围绕相应主题展开讨论。课堂小组活动强调全员参与，人人发言，借助小组动力，通过“脑力激荡法”激发学生学习探究的积极性、主动性和创新精神。运用课堂小组活动开展社会心理学课程思政。一是要注意选好讨论主题，将思政元素融于讨论主题之中。二是要注意找好小组讨论主持人。主持人要能够掌控住讨论的方向，不能偏题，同时要能带动全组同学积极参与，营造气氛，不能冷场。三是要教师做好总结引导，强化思政要素，起到画龙点睛的作用。

2. 课堂讨论和教师引导，比如，学习“社会角色规范”时，引导学生正确认识自己的社会角色，培养社会责任感和遵章守纪意识等。社会角色内容的学习，要求学生理解掌握扮演好社会角色必须要遵循的角色规范，即每个社会角色都有其相应的角色行为模式。教师可自然而然地引出下列问题：大学生社会角色的角色规范是什么？大学生的角色行为模式应该是怎样的？结合自身体验以及常见的大学生失范行为分组讨论怎样才能成为一个有责任心、有担当的新时代大学生。

同学们各抒己见，小组主持人把控好讨论方向、时间、气氛，最后教师总结讨论结果，引导学生提炼出成为新时代的合格大学生应该具备的品质素养，使得大学生的责任感、纪律性入心入脑，最终达到思政教育的目的。如此一来，学生在掌握社会心理学专业知识的同时，思政元素就在不知不觉中渗透到了学生心里。

3. 为保证多元教学方法的教学效果，调动学生学习积极性，要进

行教学评价机制的改革创新。打破传统社会心理学考核一张试卷定终身的做法，注重过程管理，设置的每一个教学环节都有考核，构建过程性评价与结果性评价相结合的教学评价机制。值得注意的是，由于课程思政与专业教学融合在一起，二者的考核也不宜分开，而是在考核专业知识的同时，增加对思政元素的考查。

该课程也在同时参与学校的“2+1”混合式教学改革，线上和线下同时进行，将课堂延伸到课外训练，充分利用学校超星平台建设《社会心理学》课程资源网站，将教学内容前移。

（三）创新教学形式

1. 讲故事。用身边的人和故事感染和激励学生，是“社会心理学”课程思政的一种有效方法。比如课程中用上海师范大学老校长杨德广校长捐资助学的故事，华东理工大学社会学和社会工作学科奠基人徐永祥教授的“社会工作教育基金会”的故事，会感染和激励学生乐于助人、利他精神，引导学生深刻理解并自觉实践社会工作行业的职业精神，增强其职业责任感。

2. 观看视频。观看视频是一种富有吸引力的教学方式。比如在讲偏见时，给学生播放一个“偏见实验”的短视频，让学生具象化地理解偏见的普遍存在。

3. 课堂实验演示：人际交往中的“首因效应”。教师提前准备好相关材料，在学习委员的帮助下，在课堂上和同学一起进行现场演示。演示“首因效应”，不仅让同学在课堂体验中领悟到心理学中的重要概念如“实验组”和“控制组”的含义，也让同学认识到初次见面留给对方的印象“首因效应”会非常重要，进一步提升生活和工作中进行人际交往的能力。

4. 游戏法。游戏法在调动学生学习积极性方面有很好的成效。比如在讲观察学习理论时，教师先讲解观察学习的内涵，然后通过互动游戏“我说你做”，让学生意识到学生更多的是看老师如何做而非如何说，引导学生明白教师角色的示范性。

5. 角色扮演。使用角色扮演的方法组织相关教学，可有效利用学生的情感体验。比如在讲述人际沟通这一章时，教师采用角色扮演的方式组织教学，让学生在编导与表演的过程中，切身体会共情式沟通的优越之处。

6. 情境讨论。大学生自主意识较强，他们有自己的认识和看法。对于学生的那些错误的认识和看法，传统的说教容易引起学生的抵触情绪，而情境讨论的效果可能会更好。比如，笔者在讲解“亲社会行为”这一章节的内容时，曾提出“老人摔倒扶不扶”这一问题，结果部分学生不假思索地回答“不扶”，因为“扶不起”，扶了老人会被赖上。其实这不仅仅是一种道德认识上的偏差，也是社会心理学的重要概念“他人在场”、“模仿效应”等，教师组织学生就此情境进行讨论，不仅仅是让学生理解了基本概念，也引导学生认识其偏差形成的原因以及这种错误认识的危害，教授其助人的智慧。

四、“社会心理学”课程思政案例中可供借鉴的理念和经验

（一）科学合理地拓展课程的广度、深度和温度

在课堂教学中，引导学生像社会心理学家一样去看待社会中的热

点事件，引导他们从社会工作专业视角以及站在国家、文化、历史等角度去分析，从而增加社会心理学课程的人文性，提升社会心理学课程的时代性和开放性。根据社会工作专业的特色和优势，以社会工作专业的育人目标为导向，以促进学生成长为出发点和落脚点，深度挖掘“社会心理学”课程中所蕴含的使命感、责任感、爱国精神、开拓创新精神等思想政治教育元素。

（二）进一步提升任课教师的课程思政建设的意识和能力

为了深化职业理想和职业道德教育，有效改变社会工作专业的专业课教学与思想政治教育不能有效融合的现状，教师应该充分认识到课程思政的重要性，并结合专业课程实际，巧妙设计、有机融入，坚持以学生为中心，持续改进教学内容与教学方法，不断提升学生的学习体验和学习效果。当“社会心理学”任课教师具备足够的课程思政建设的意识与能力，就会在实际教学中寻找“社会心理学”“课程思政”教学的有效路径并不断进行优化，并通过改革教学评价方式来实现“以评促改”，最终实现“社会心理学”专业课教学与思想政治教育同向同行的局面，真正达成“立德树人”的教育目标。

五、“社会心理学”课程思政教学反思与需要改进之处

目前，“社会心理学”教学已在课程目标设计、教学大纲修订、教案课件编写等方面落实了课程思政的内容，并融入课堂授课、实训、教学研讨等环节。在实施课程思政教学改革的过程中，《社会心理学》任课教师虽然已具备了一定的课程思政建设的意识和能力，但

其育人意识还需进一步强化，即更为精准地找准育人角度，不断提升育人能力，以确保课程思政教学见效。任课教师在优势资源共享机制建设、思政教师与专业课建设合作教学教研等方面尚存诸多缺憾，需要在今后的课堂教学实践中进一步完善。

参考文献

[1] 李艳玲，史文芬.大学生心理健康教育课程开展课程思政教育的探索与实践[J].黑河学刊，2018(05):144-145.

[2] 杜学敏，戴贝钰，刘正奎.积极心理学视野下大学生心理健康标准的研究[J].思想教育研究，2018(03):123-126.

[3] 谢敏芳."大学生心理健康教育"课程思政的探索与实践[J].绍兴文理学院学报(教育版)，2019，39(01):11-15.

[4] 司武兴.浅析教育心理学观点在高校思政教育中的运用[J].课程教育研究，2019(37).

[5] 刘海鹰，刘昕.社会心理学课程思政教学分析与设计[J].大学教育，2020(04).

[6] 张玲.《社会心理学》课程思政教学改革的探索与实践[J].智库时代，2020(39).

[7] 陈伟涛编.社会学类课程思政教材　社会心理学对分教程[M].南京：河海大学出版社，2021. 11.

[8] 田浩，李悦昕."一流专业"建设背景下融合性课程思政体系的探索——以北京林业大学应用心理学专业为例[J].中国林业教育，2022(01).

[9] 赵一潼.积极心理学视域下"大学生心理健康课"课程思政的探索——认知角度[J].爱情婚姻家庭，2022(03).

[10] 习近平.高举中国特色社会主义伟大旗帜　为全面建设社会主义现代化国家而团结奋斗——在中国共产党第二十次全国代表大会上的报告[OL].中华人民共和国中央人民政府网站2022-10-25：http: //www. gov. cn/zhuanti/zggcddescqgdbdh/sybgqw. htm.

[11] 中华人民共和国教育部.中央教育工作领导小组秘书组　教育部党组印发通知对教育系统深入学习宣传贯彻党的二十大精神作出部署安排[OL]. http: //www. moe. gov. cn/jyb_xwfb/gzdt_gzdt/s5987/202210/t20221031_673694. html.

环境法课程中学习党的二十大报告的引导性教学

方 堃 杨 倩*

2022年10月16日，中国共产党第二十次全国代表大会开幕。中国共产党第二十次全国代表大会，是在全党全国各族人民迈上全面建设社会主义现代化国家新征程、向第二个百年奋斗目标进军的关键时刻召开的一次十分重要的大会。习近平总书记《高举中国特色社会主义伟大旗帜　为全面建设社会主义现代化国家而团结奋斗》的报告鼓舞人心，听完报告之后，我们认真地阅读和学习了报告的全部内容，并重点结合了报告的第七部分“坚持全面依法治国，推进法治中国建设”和第十部分“推动绿色发展，促进人与自然和谐共生”，联系本学期对法学专业研究生、本科生环境法课程的教学，带领学生对“环境法治”主题进行了新的思考。

* 方堃，上海师范大学哲学与法政学院教授。杨倩，上海师范大学哲学与法政学院法学研究生。

一、铭记总书记殷殷嘱托，鼓励青年学子好好学习以担当未来

（一）授课对象的客观需求

这学期，学习环境法课程的同学构成来自三个层次。首先是，刚刚进入大学的一年级新生全校通识选修课，这些同学怀着理想、带着还未成型的世界观和求学的热望，需要教师的引导来完成他们人生的重要转换，对于法学教师而言这是一个很重要的、引导同学奠定法治信念理想的重要机遇。其次是法学本科三年级的同学，他们两年的大学专业学习已建立起了初步的法律思维，但是还需要通过关注和思考国内外法治实践提升自己的法治理想，以加强自己的对于社会发展和社会治理的责任担当。再次是非法本法律硕士二年级的同学，他们的世界观基本形成，通过法律硕士研究生入学考试和法律资格考试以及一年的法律专业课的巩固学习，他们对于法律、法学和法治的认知已经有很大的提高，但是他们仍然需要在法治思维和法律理想方面强化和提升。党的二十大报告关于“坚持全面依法治国，推进法治中国建设”，以及“推动绿色发展，促进人与自然和谐共生”的重要论述，对重新、系统理解实施环境法治、生态文明法治具有极其重要的指导意义，需要教师在课堂上带领同学们进一步学习和思考、领悟其核心要义，从而提升师生的共识。

（二）学习理解报告中有关“青年”的重要论述

在二十大报告最后一部分“坚定不移全面从严治党，深入推进新时代党的建设新的伟大工程”倒数第二段，习近平总书记用207字精

辟论述了青年工作，足见习总书记对当代中国青年的深切寄托和殷殷期待。总书记的这段关于青年论述包括如下含义：

1. 当今的中国是当代中国青年创新创业、积极进取、创造辉煌的好时机，应当是“生逢其时，施展才干的舞台无比广阔，实现梦想的前景无比光明”，比如未来5—10年，我国“坚持全面依法治国，推进法治中国建设”就是当代法学青年发展的大好机遇期。

2. 习近平总书记在报告中强调人才需求的迫切性，指出，“教育、科技、人才是全面建设社会主义现代化国家的基础性、战略性支撑”，必须坚持“人才是第一资源”、深入实施“人才强国战略”、坚持“人才引领驱动”。当代中国青年是中国式现代化建设的人才生力军，应当在第二个百年建设中发挥重要作用，青年曾经在上一个一百年奋斗中奉献了青春、书写了可歌可泣的华章，在中国强国梦的实现中青年仍然是中坚，“青年强，则国家强”。

3. 寄语当代中国青年厚重的、殷切的期望，“广大青年要坚定不移听党话、跟党走，怀抱梦想又脚踏实地，敢想敢为又善作善成，立志做有理想、敢担当、能吃苦、肯奋斗的新时代好青年，让青春在全面建设社会主义现代化国家的火热实践中绽放绚丽之花”。

4. 中国共产党要为青年的成长提供坚强保障，“全党要把青年工作作为战略性工作来抓，用党的科学理论武装青年，用党的初心使命感召青年，做青年朋友的知心人、青年工作的热心人、青年群众的引路人”。

将这一部分纳入课程学习和讲授的目的在于，让同学们坚信，青年对于当代中国的建设和发展肩负着光荣而艰巨的使命。我们党和国家对于他们寄予了厚望，民族的复兴、国家的强盛、国际事务的参与，都需要他们的身体力行和担当。是谓，青年就是未来，未来需要青年。

二、对二十大报告内容与环境法治的关系的学习和理解

（一）从整体论出发把握“全面依法治国是国家治理的一场深刻革命”

报告中的“全面依法治国”应当包括环境法治在内，“国家治理的深刻革命”则包括国家的环境治理体系和治理能力现代化建设，需要在环境治理的意识、理念、结构、规范上深化改革。中国环境问题的解决程度、对全球环境问题解决的参与力度和对全球环境治理共同体的贡献，良好的生态环境质量与党执政兴国、人民幸福安康、党和国家长治久安密切相关；环境法治是巩固人民生产、生活、生存的生态环境、自然资源的根本，是稳定人民对于经济社会发展与环境保护协调发展的预期。

将这一部分纳入课程学习和讲授的目的在于，让同学们认识到，全面依法治国、建设法治国家战略的实施和目标实现，环境法治不可缺位，环境法治应当在这一伟大的过程中承担起创新性、开拓性和推进性的功能。只有这样，才能有效促进生态环境处于持续改善的良好状态、资源和能源处于可持续利用可替代更新的状态，以及人民的身心健康和体能因为良好的环境而处于持续提升的状态。

（二）以问题意识洞悉环境法治对“坚持中国特色社会主义法治道路”的因应

1. 明确问题导向。中国特色就在于要正视“人口规模巨大”这

个现实，它是解决中国现实问题的基础，是“中国式现代化”应予以应对的问题。在环境法课堂上的认知是人口问题导致环境问题的基本性根源。人口规模巨大意味着对地球自然资源的需求、对资源能源的压力、对生态环境会产生人为的影响（诸如环境污染、资源耗损、生态破坏也会加大），相应地，也对经济社会的整体性发展产生约束或阻碍作用。

2. 抓主要矛盾。我国社会的主要矛盾是“人民日益增长的美好生活需要和不平衡不充分的发展之间的矛盾”，这种美好生活包含了美好的生态环境，而不平衡不充分的发展隐含着我国地区之间对于资源能源的使用分配与受益分享、区域经济社会发展机会不均衡、不公平状态。中国今后一个时期的环境法治的发展则应当以解决这个主要矛盾为出发点和落脚点。

3. 因应问题的对策。为了应对中国式现代化面临的问题、解决主要矛盾，有必要“贯彻新发展理念，着力推进高质量发展，推动构建新发展格局，实施供给侧结构性改革”；环境法这个新型部门法、环境法学这一新的交叉学科，从其产生、发展、完善的全过程考察，就是以应对环境问题为目标。二十大报告中提出的“高质量发展”和“美好生活的需要”包含了良好的生态、有可持续利用的资源和不受、少受污染的环境，包含了经济社会的发展不在于速度、更在于质量的高品质、在于对“绿水青山就是金山银山”理念的贯彻，绿色GDP即是很重要的评价指标。

将这一部分纳入课程学习和讲授的目的在于，让同学们学会善于判断、正视、分析现实问题是有效解决问题的基础。知道环境问题是什么、问题在哪里、该如何有效应对，学生就会有明确的学习方向和目标，也就会正确理解和反思我国环境法治建设过程中的立法、执法、司法选择，从而养成实事求是的学术态度、培养问题意识、批判性思维和关注关心社会的责任担当。

（三）在环境法治中养成系统思维、形成系统观念

对于报告中提出的“系统观念”在环境法治中的把握应从如下层面进行：

1. 环境法治体系属于中国特色社会主义法治体系的重要构成；以此为前提，处理和协调环境法与其他部门法之间的关系，比如在环境法典立法中体现环境法与其他部门法之间的协调性。

2. 在“地球人类命运共同体”下，遵循国家主权原则和共同但有区别原则，合作共赢处理国际环境法律事务，维护发展中国家的正当合法权利和利益。

3. 环境法治应当在环境法体系内部协调好环境污染防治、自然资源利用与保护、生态保护之间的相互关系，符合自然科学规律和法律发展规律。在自然界中，环境、资源、生态本是一个相互联系、作用、协调的有机整体，其体系内的物质交换、能量转换和信息流动遵循自然规律而变化。因此，不能孤立地看待生态环境的构成要素，也不能孤立地看待某一环境问题，因为它们在现实中、即使是在理论层面都是相互联系着的。比如，大气污染物可以通过天气变化（雨、雪、风霜、露、雾）等进入地表水，渗透进土壤和地下水、海洋，从而造成连锁型污染；大气污染也可以损害森林、草地，使得被污染的土壤肥力降低，从而使得以林草土为基础形成的生态系统遭到破坏，生态价值也会贬值，系统中的生命物质也会相应地减少乃至消失。这

些都是系统性的风险或者威胁。

4. 环境法坚持协调发展原则，很好地体现了“系统观念”。协调发展原则要求经济社会发展与环境保护相协调，要求平衡好生态环境的经济价值与生态价值，体现了“绿水青山就是金山银山”的理念。习总书记在二十大报告中指出，“人与自然和谐共生的现代化”是中国式现代化的重要构成和特色，它实际上强调了在现代化建设中要“尊重自然、顺应自然、保护自然”，要“站在人与自然和谐共生的高度谋划发展”，有了这种高度、坚持协调发展，才能积蓄和夯实可持续发展的根基。在我国现行推进的环境法治建设中，对于特殊环境或者生命物种通过制定专门的《国家公园法》、《湿地保护法》予以保护；对无法被行政区划分割的流域采取诸如制定《长江保护法》、《黄河保护法》以及国土空间规划予以整体性保护，坚持山水林田湖草沙一体化保护和系统治理，这些都可以认为是对“坚持系统观念”的积极实践。

将这一部分内容纳入课程学习和讲授的目的在于，培养学生全面地、系统地从整体上把握环境法治的问题和现实的理论思维，从而引导学生的世界观更趋于客观、避免形成偏激片面的思维方法，尤其是对于环境法上的原理、原则、方法的运用更应该如此。

（四）报告对“人民”概念的论述进一步强化了环境法上的民主原则

环境法的民主原则基于环境的整体性、环境问题影响利益群体的广泛性，基于民主原则和法治公平理念而产生、发展和完善。

1. 我国社会的主要矛盾强化了人民主体地位。在“人民日益增长的美好生活需要和不平衡不充分的发展之间的矛盾”中，“美好生活需求”包含了人民对良好的生态环境的需求，而“不平衡不充分的发展”隐含着我国地区之间对于资源能源使用分配与受益分享、区域经济社会发展机会存在着不均衡不公平状态。贯彻环境法民主原则有利于运用法律手段平衡不同的主体利益，从而公平合理地促进主要矛盾的解决，这符合“以人民为中心的发展思想”。

2. 环境法治对“人民中心”的体现。报告提出，“全面发展全过程人民民主，社会主义民主政治制度化、规范化、程序化全面推进，人民当家作主更为扎实”。实际上我国现行的《环境保护法》就很好地阐释了这一点，如该法第五章用专章共6条专门规定了“信息公开和公众参与”的内容，第六条规定“一切单位和个人都有保护环境的义务”等。民主原则也体现在了环境法基本制度诸如环境影响评价制度、环境许可证制度的内容和实施之中，该两项制度明确规定了公众参与的内容和程序；在各级人大和政府的环境立法中，预留窗口让公民参与对立法草案表达意见、全国人大基层立法联系点居民对环境立法的参与，在《民法典》、《民事诉讼法》、《行政诉讼法》、《环境保护法》等法律规范中赋予相关社会组织提起和参与公益诉讼的权利，均是对民主参与环境法治的有效实践。

将这一部分内容纳入课程学习和讲授的目的在于，培养学生中国环境民主法治的观念，增强他们保护环境、参与环境法治的公民意识，增强他们对全面依法治国、建设法治国家，以及作为未来法律人、未来社会公民的信心和信念。

三、结　　语

在环境法课程的教学中，教师及时向学生交流对党的二十大报告的学习体会，这是对学生宣传党的二十大的很好途径和有利时机，也是教师的职责要求。教师在课程中的针对性引导，促进了同学们主动关注党的二十大这一党和国家的重大历史事件，有利于他们将环境法学的理论知识、环境法治的实践与二十大报告精神相结合，增进他们的知识更新和理论与实践结合能力的提升，也对环境法学教学提供了新的视野和机遇，对教和学是“双赢”。

将社会主义核心价值观融入正当防卫的教学

何国锋*

摘要

二十大报告要求将社会主义核心价值观融入法治建设，社会主义核心价值观的培育和践行是课程思政的一项重要内容。在刑法学正当防卫的教学中，可以将社会主义核心价值观融入其中。社会主义核心价值观能为正当防卫规范的解释提供价值支撑。基于国家层面的“和谐”这一价值观，对违反秩序的行为、有警察在场的案件不能正当防卫，对家庭纠纷引发的冲突应谨慎适用正当防卫。基于社会层面的“公正”这一价值观，对善恶分明的案件要坚决适用正当防卫，违法行为者正当防卫不成立，不能对合法行为、没有罪过的行为正当防卫，对无责任能力人的正当防卫应谨慎适用。基于个人层面的“友善”这一价值观，要求在邻里纠纷、公共

* 何国锋，上海师范大学哲学与法政学院法律系副教授。

场所纠纷中谨慎适用正当防卫，对轻微的不法侵害不能适用正当防卫。

关键词：社会主义核心价值观；和谐；公正；友善；正当防卫

二十大报告中指出，坚持依法治国和以德治国相结合，把社会主义核心价值观融入法治建设、融入社会发展、融入日常生活。社会主义核心价值观的灌输是课程思政建设的一个重要内容，2019年8月中共中央办公厅、国务院办公厅印发的《关于深化新时代学校思想政治理论课改革创新的若干意见》中指出，把社会主义核心价值观贯穿国民教育全过程。2020年5月教育部印发的《高等学校课程思政建设指导纲要》指出，课程思政建设内容包括培育和践行社会主义核心价值观。本文尝试在教案设计中将社会主义核心价值观融合进刑法学中正当防卫的教学。

社会主义核心价值观倡导富强、民主、文明、和谐、自由、平等、公正、法治、爱国、敬业、诚信、友善。24字12个社会主义核心价值观关键词可以分成三个层次：国家、社会和个人。富强、民主、文明、和谐是国家层面的价值；自由、平等、公正、法治是社会层面的价值；爱国、敬业、诚信、友善是公民个人层面的价值。[1]任何法律都有价值和精神内涵，其中正当防卫与社会主义核心价值观的每个层面都有内在联系。换言之，正当防卫内含着社会主义核心价值观的精神内核——国家层面的和谐、社会层面的公正、个人层面的友善，都对正当防卫的解释、适用具有指导意义。基于社会主义核心价值观进行的推导，能使正当防卫制度获得更好的解释，将使现实中的一些疑难案件获得妥善的解决，能使正当防卫发挥最佳的惩恶扬善、利益平衡和社会治理的作用。

一、将“和谐”融入正当防卫教学

“和谐”包括个人自身的和谐、人与人之间的和谐、社会各系统与各阶层之间的和谐，个人、社会与自然之间的和谐，整个国家与外部世界的和谐。[2]“和谐”表达的是一种相互关系，在社会主义大系统中，各组织、各单位、各主体各司其职，互相合作、互相配合、稳定有序。在正当防卫的适用上，“和谐”这一价值内涵始终具有重要的指导意义。

（一）“和谐”要求对侵犯秩序的违法行为不能正当防卫

正当防卫的前提是有正在进行的不法侵害行为，但是，并不是所有的违法行为都可以正当防卫，比如，商店出售淫秽物品的行为、销售伪劣产品的行为、公民违反交通法规的行为等等。我国刑法通说理论一贯认为对这些侵犯社会秩序、经济秩序的违法行为，公民个人是不能正当防卫的，其理由是只有对具有紧迫侵害性的行为才能实施正当防卫，对一些相对平和的、完全可以通过法定程序解决的不法行为，不能实行正当防卫。[3]但是，对于事实上正在侵害社会和经济秩序的行为，并不能说不紧迫，而如果当场不制止，受损的利益或秩序也并不一定能通过法定程序得到恢复。所以，通说对于这个问题的解释还不够充分。相较而言，“和谐”可以对此合理解释。“和谐”要求各司其职、稳定有序，该由国家管理的，交给国家。换言之，应由国家相关部门进行管理和处罚的违法行为，如果没有对私人的利益形成紧迫的侵害，应排除私力，只能由国家来维护法秩序，不允许个人正当防卫。如果允许公民对违反社会秩序、经济秩序的行为进行具有暴力性质的正当防卫，其对社会和平秩序带来的损害就要远远大于其益处。保障社会秩序和经济秩序是有关国家机关的任务，公民不应被赋予这种职能。否则，每个公民都将能够以警察或国家公职人员自居，从而使国家的管理权失去专属的效力，这就违背了“和谐”的价值要求，会导致社会各主体功能混乱，进而造成社会的无序。

（二）“和谐”要求能够交由警察处理的案件正当防卫不成立

正当防卫既然是一种私力救济，其对稳定的社会秩序必然会有一种隐忧。所以，正当防卫只能存在于必要之处，如果根本不用正当防卫，也能够维护法律尊严、实现权利救济的，就不应该承认正当防卫。比如，案发现场有警察在场的，直接请求警察保护或处理就行，没有必要由个人实施正当防卫。如需要对不法侵害人实施正当防卫的，可以由警察来实施。法治社会要求尽可能通过法律程序的轨道解决社会的利益冲突，在公权力不能及时救济的情况下，才允许私力进行救济。在公权力可以救济的情况下，如果同时允许私力救济，会形成两种权利的冲突，就不和谐了。所以，有警察在场的案件，在正当防卫的成立、是否防卫过当等问题的判断上，和一般的案件应该区别对待。比如传播较广的“于欢故意伤害案”（民间称“辱母杀人案”），该案一审没有认定于欢构成正当防卫，而是以故意伤害罪判处无期徒刑，其主要理由就是派出所已经出警。在这一点上，一审判决是具有一定合理性的。但是，一审判决没有考虑当时警察离开案发接待室到外面了解情况，当时案发接待室内仅当事人双方面对面这一点，没有充分考虑受害方之前有侮辱于欢母亲的行为和于欢等被强行控制在案发公司接待室因而人身自由正遭受现实侵害的事实。二审对此进行了纠正，认定于欢的行为具有防卫性质。同时，二审也充分考虑了派出所已经出警的事实，当时警察虽然离开接待室，但就在室外了解情况。就当时的情况看，于欢只要实施相对温和的反抗手段，并呼叫警察，就足以制止不法侵害。但于欢用刀猛烈捅刺对方，导致1死2重伤1轻伤的行为，已经明显超出了必要限度，构成防卫过当。最终二审法院以故意伤害罪判处于欢有期徒刑5年。民众一开始对认定于欢构成犯罪还有意见，但经过最高检、最高法的释法，民众最终理解了其中的法律精神。该案起到了良好的法治宣传效果，后入选最高法“2017年推动法治进程十大案件”。

（三）“和谐”要求在婚姻家庭冲突应谨慎适用正当防卫

家庭是社会的基本单位，家庭和谐是社会和谐的重要内容。维护家庭成员之间的和谐，也是正当防卫在适用中应注意的问题。家庭一方面是人们生活的港湾，另一方面又是冲突、纠纷频发的场所。对于没有达到家庭暴力程度的打闹行为，应该视为家庭成员之间很平常的争执、分歧，不轻易引入正当防卫来处理问题。夫妻关系是婚姻家庭关系的核心，维持夫妻和谐状态是家庭和谐的首要任务。正当防卫的性质是用暴力来制止不法侵害行为，就夫妻之间的关系而言，始终互相支持、互相配合、互相扶助是基于和谐的价值目标所提出的必然要求。当夫妻之间其中一方因为种种原因处于情绪失控的状态，社会主义的家庭观念必然要求另一方应给予必要的体谅。一方情绪失控，往往是夫妻双方共同的行为或共同面临的困难所造成，这时双方理应共同努力化解局面。如果对于一方失控的行为，允许另一方引用正当防卫来解决冲突，显然是鼓励用暴力来解决家庭矛盾冲突，没有让另一方承担应承担的责任，这对于作为社会稳定的基础性条件的家庭稳定而言，显然是非常不利的。所以，对于因家庭矛盾而引发的夫妻冲突，对任何一方，都不能允许引用正当防卫。这样才能在法律上不让双方处于敌对状态，有利于恢复夫妻关系，重回和谐的家庭氛围。当然，如果一方的行为已经达到家庭暴力的程度，对受害的另一方，该认定为正当防卫的，坚决认定为正当防卫，特别是对于长期遭受家暴的妇女，在忍无可忍的情况下进行的反抗，应认定为正当防卫。正如2015年3月最高法、最高检、公安部、司法部联合印发的《关于依法办理家庭暴力犯罪案件的意见》第19条指出的，为了使本人或者他人的人身权利免受不法侵害，对正在进行的家庭暴力采取制止行为，只要符合刑法规定的条件，就应当依法认定为正当防卫，不负刑事责任。

二、将"公正"融入正当防卫教学

社会主义核心价值观中的"平等"和"法治"，本来就以"适用刑法人人平等原则"和"罪刑法定原则"被刑法明文规定为基本原则。"公正"是指公平正义，公正虽然没有被刑法明文规定，但"公正"从来就是法律的基石。在正当防卫的适用中，始终要用公正的眼光分析评判，这样才能获得符合公平正义的结果。

正当防卫要牢牢把握“正”对“不正”的基本关系。正当防卫制度是对正义的弘扬，其基本结构是“正”对“不正”。基于公正的立场，在处理案件时，要给予“正”的一方以充分的支持。另一方面，从“正”这一端而言，只有守法、合法的人才能引用正当防卫；从“不正”这一端看，只有违法的行为人才能成为正当防卫打击的对象。反过来，如果打击者是违法的人，或被打击者是合法的人，就不能成立正当防卫。

（一）“公正”要求对于守法公民遭受恶行要坚决适用正当防卫

人们之间的暴力冲突，往往不是黑白分明的，所以在是否成立正当防卫问题上，要全面地分析前因后果，慎重判断。但是，确实有一些案件，比较典型地体现出守法公民无端遭受违法犯罪分子攻击的情况，比如通常的抢劫、盗窃、强奸、流氓滋事等违法犯罪案件。对于这类违法犯罪行为引发的公民合法的反击行为，一定要站在守法公民一边，能认定为正当防卫的，坚决认定为正当防卫。这才符合公正的价值观，也符合我国传统文化中“善有善报，恶有恶报”的正义理念。对于此类案件中防卫的时间条件、防卫的限度条件，在处理时切不可机械，要设身处地地站在合法者的立场上考虑问题。正如2020年两高一部联合发布的《关于依法适用正当防卫制度的指导意见》第六条和第十二条指出的，“对于不法侵害是否已经开始或者结束，应当立足防卫人在防卫时所处情境，按照社会公众的一般认知，依法作出合乎情理的判断，不能苛求防卫人”。“防卫是否‘明显超过必要限度’，应当综合不法侵害的性质、手段、强度、危害程度和防卫的时机、手段、强度、损害后果等情节，考虑双方力量对比，立足防卫人防卫时所处情境，结合社会公众的一般认知作出判断。在判断不法侵害的危害程度时，不仅要考虑已经造成的损害，还要考虑造成进一步损害的紧迫危险性和现实可能性。不应当苛求防卫人必须采取与不法侵害基本相当的反击方式和强度。”比如著名的“昆山于海明正当防卫案”（民间称“昆山反杀案”），行凶者刘海龙无端拿刀敲砍骑助动车等红灯的于海明，于海明奋起反击，夺刀将刘海龙砍伤致死。该案经历了最初认定为故意伤害的风波，原因在于刘海龙的倒地及后面的逃跑，使得于海明的追砍行为看起来似乎滞后于不法侵害。但这一看法显然是对处境危险的合法公民的苛求。对于守法公民，这并不是一个公正的结论。后来昆山警方及时纠正错误，正确认定为正当防卫。该案后来被选为最高检指导案例，在指导意义中进一步宣示了“法不能向不法让步”的正义理念。

（二）“公正”要求违法行为者不能成立正当防卫

从公正的立场出发，违法行为者，自身不正，当然不能引用正当防卫。比如“常熟何强等聚众斗殴案”（民间称为“菜刀队和砍刀队案”），因为赌债纠纷，民工何强等持菜刀与持砍刀上门寻衅的曾勇一方大打出手。本案审理过程中有不少的呼声认为应认定何强一方构成正当防卫，因为上门讨债的曾勇一方带有黑社会性质，他们持砍刀上门，而作为被动等待的何强一方，应认定为正当防卫。[4] 但是，最终法院一审和二审均认定此为聚众斗殴罪。其原因在于何强方在冲突的形成过程中有其过错。作为统一法秩序中的一员，任何人均有义务遵守法律，并在自己行为违法时，尽量化解因自己的违法行为给社会秩序造成的损害。所以，在曾勇等人上门时，何强等人首先应该选择化解矛盾、采取力所能及的方法避免冲突的升级。但何强等人非但没有回避，反而积极准备“强硬迎战”。正当防卫具有维护法律秩序的性质，曾勇等人上门讨债闹事，本就是有关何强一方的不良行为而引发的违法状态，从公正的立场出发，对于违法状态负有责任的人，没有资格将自己置于维护法秩序的地位。所以，本案双方构成聚众斗殴罪。

当然，公正的立场并不意味着曾经违法的人就不能引用正当防卫，而是说如果对方的违法行为相关于自己的违法行为，那么，从公正的立场出发，除非力所能及地向“正”回归，否则就不能将自己一方认定为“正”；只能将双方均认定为“不正”，任何一方均不能成立正当防卫。

（三）“公正”要求对紧急避险等合法行为不能成立正当防卫

有些行为虽然会造成损害，但其被法律所允许，而正当防卫是指向不法侵害的，从公正的立场出发，就不能将前述情形中相对方防止损害的行为称为正当防卫。如果认定为正当防卫，就不公正地将合法的行为认定为了“不正”。比如，紧急避险，其牺牲无辜人利益，可能需要对损害承担民事义务。但紧急避险是合法行为，是“正”，刑法学理论普遍认为对紧急避险不能正当防卫。[5]

另一方面，避险相对人也是合法的人，基于公正的立场，避险相对人也没有义务忍受损害，所以，应该赋予避险相对人自我保护的权利。只是对于避险相对人指向避险人的避免损害的自我保护行为，不能定性为正当防卫。如前所述，一旦认定为正当防卫，就将其中一方认定为“正”，而将另一方认定为“不正”，这就不是一个“公正”的结论。可以将避险相对人指向避险人的防止自身损害的行为，也定性为紧急避险。这样，在紧急状态下，既允许他们互相造成损害，同时也强调了他们是“正”对“正”的关系，对于造成损害的限度，比正当防卫严格很多。这样就可以公正处理避险者和避险相对人之间的关系，或者说，法律虽然不能帮助避免损失，但可以公正地对待合法行为者。

（四）“公正”要求对不具有罪过的损害行为不能进行正当防卫

不具有过失但客观上是侵害的行为，是否可以正当防卫？比如甲正常倒车，突然后面奔来一个女子，处境危险，对司机是否可以正当防卫？有观点认为只要具有客观危害，就可以正当防卫。[6]但是从公正的立场出发，不能承认其中可以成立正当防卫，如需要对司机造成一定损害以解救女子，也应认定为紧急避险合理。在这里，从公正的立场出发，各方有无过错的事实应该放在利益冲突中充分权衡，司机既然是正常倒车，那么反过来说明女子突然出现具有某些过错，这就在事件性质的判断上起了决定性作用。司机的行为虽然客观上将造成女子的损害，但司机已经遵守了交通法规，在社会生活中已经履行了必要的谨慎，这种情况下，对司机就缺乏以正当防卫打击的理由。如果在这里承认可以对司机正当防卫以保护女子，这就将缺乏规范意识的女子置于优越于作为合法者的司机的地位，这就违反了公正的价值内涵。同时，女子虽然在交通秩序上存在缺乏规范意识的情况，但其对司机也不存在现实的侵害，所以，其相对于司机而言，也不能认为是一个不法侵害人，即也不能将其定性为“不正”。如此，司机和女子之间就形成“正”对“正”的关系，在情况紧急时，允许女子实施紧急避险以保护自己。

（五）“公正”要求对于无刑事责任能力人谨慎适用正当防卫

在面对无责任能力人（未成年人和精神病人）侵犯的场合，我国刑法通说理论认为，能躲避的，应先躲避，不能躲避的，才允许正当防卫，同时，对于打击的力度要有一定的限制。[7]换言之，在无责任能力人场合，正当防卫的适用和一般人是不一样的。其理由正是公正性的考量。对于无责任能力人而言，其并不是有意触犯法律，所以并不需要通过打击他们从而让他们感知到法秩序的威严以回归到法秩序的轨道。同时，无责任能力人是社会的弱势群体，从人道主义的立场出发，对于他们的打击也应克制。

但是，如果因此就认为不能对无责任能力人进行正当防卫，这对受侵害人而言，也是不公正的。因为法秩序不能要求合法公民无端承受生命健康危险和财产损失。所以，在面对无责任能力人侵害时，能躲避的应尽量躲避，或请求他人帮助脱困，在无法躲避，无法通过寻求帮助脱困的情况下，可以正当防卫，但防卫人应采用尽可能损害更小的防卫手段。如此，就公正地处理了无责任能力人和合法公民之间的利益冲突。

三、将“友善”融入正当防卫教学

“友善”是指公民之间互相尊重、互相理解、互相宽容、互相关心、互相帮助。[8]正当防卫的适用，应倡导这种关系，在需要培育友好和睦的人际关系之处，应限制正当防卫的适用，鼓励人们以互相理解、互相包容、互相妥协的方式解决问题。

（一）“友善”要求在邻里等关系中谨慎适用正当防卫

中国有句古话，远亲不如近邻。其表达的是邻里之间因为距离上的接近，便于互相帮助和照顾。所以，友善、互助的邻里关系，对于人们生活质量的提高具有很重要的意义。但距离上的接近和生活上的密切接触，也不可避免导致摩擦和纠纷的可能性增加。对于因邻里纠纷发展为互相打斗的案件，在认定正当防卫时，一定要特别慎重。法律应鼓励邻里之间通过友善的方式解决问题，法律也应该对邻里双方提出克制的要求，我们因邻里关系而受益，并因邻里关系而发生纠纷，给对方以必要的忍让，在对方失控时给予必要的挽救，这是对邻里双方提出的合情合理的要求。所以，如果在邻里纠纷中不依不饶，针锋相对，导致形成严重暴力冲突的，任何一方不能主张正当防卫。这样处理，不但有利于引导人们建立友善的邻里关系，也有利于发生激烈冲突的邻居在往后的社会生活中恢复良好的邻里关系。

在其他和邻里关系类似的人际关系中，如同事、同学、熟人等关系紧密的人际关系中，应该以和邻里关系同样的理念处理。比如近期引起舆论广泛关注的南京玄武区男子掌掴男童事件，江苏省南京市玄武区公安分局通报，2022年11月8日，鲁某某（男，33岁，南京市人，某医院社会聘用制人员）因当天上午其儿子在幼儿园与同班男童争抢玩具时被对方戳破头皮，到对方家中讨要说法。其间，鲁某某情绪激动，用手击打该男童面部，致其仰面倒地。该男童祖父祖某某（男，64岁，南京市人）先后持塑料椅、木椅与鲁某某发生肢体冲突，被鲁某某推倒致腿部骨折。鲁某某因涉嫌故意伤害被公安机关依法刑事拘留。该案冲突双方理应友善相待，妥善解决孩子教育问题。在一方情绪激动，行为出轨时，应冷静缓和事态。但双方均不理智，互不相让，升级冲突，双方均不能认定为正当防卫。造成对方轻伤以上后果的，应按照故意伤害罪认定。这里不存在法律将人逼入绝境，即要么被对方砸破头，要么进监狱的困境，这是行为人自己选择进入困境，行为人完全可以自主选择避免这个困境，如此就不能以困境为由（不反击就被砸破头）来排除违法性。当然，对于反抗为非作歹、恶霸欺凌的行为，则应坚决适用正当防卫。

（二）"友善"要求在公共场所的摩擦中谨慎适用正当防卫

公共场所是指公交、地铁、商场、饭店等不特定人员均可出没的场所，是陌生人群交集的场所。公共场所人流量大、人员密集，容易产生纠纷和冲突，比如上下班高峰，公交、地铁里难免磕磕碰碰。对此，社会主义核心价值观要求人们"友善"对待他人，多一些包容。不应仅以自身利益受到侵犯为由而对他人实施正当防卫，或者在争执升级到激烈冲突之后以正当防卫的名义攻击对方。对于在公共场所或陌生人聚集之处，因为一般的生活纠纷而形成并逐步升级到暴力的冲突，一般均不应认定为正当防卫。因为双方均没有以友善为本处理问题，如此，双方实际都对冲突的升级负有责任，当然也就不适合截然相反地将双方设定在违法性的正反两端。

另一方面，人们一般都认为自己有较高的道德水平，在纠纷、冲突中自己是有道理的一方。正当防卫具有鼓励打击不法侵害人以弘扬社会正气的性质，如果在一般的公共生活纠纷中适用正当防卫，不可避免的后果是鼓励人们用暴力手段解决公共生活中的纠纷。这显然违反了友善的价值要求。所以，应鼓励人们在公共生活空间以包容和体谅来解决问题。出现暴力冲突，不能以谁先动手来认定违法方，并进而认定相对方为正当防卫。而应该从一方是否已经基于“友善”的价值要求，作出了相当的努力和妥协，然后才在不得已情况下实施了反击行为，以此作为认定正当防卫的前提。

（三）“友善”要求对轻微的不法侵害不适用正当防卫

对于轻微的不法侵害行为，我们可以要求人们基于“友善”给予必要忍让，需要解决的问题，可以通过辨明是非、基层组织协调或法定程序等途径解决，不能承认正当防卫在其中可以成立。轻微的违法行为并不会造成多大的损害，合法权益的保护价值很低，法保护利益也很小。正当防卫是一种暴力打击，不可避免会形成损失。而且，由于正当防卫并不以利益均衡为原则，也就是正当防卫打击的力度可以大于不法侵害，正当防卫所造成的损失也可以大于不法侵害可能造成的损失，如此，对轻微违法行为实施正当防卫就会形成损失大收益小的局面。这种损失，一方面可以说是违法行为人的损失，另一方面也可以说是社会的损失。因为不管是财产损失，还是医疗损失，都是社会的成本，在资源有限的情况下，任何资源消耗，都是社会整体利益的价值减损。进一步而言，越是轻微的违法侵害行为，越是容易发生，如果承认对轻微违法行为也能正当防卫，显然会让暴力打击在社会上时时刻刻广泛地发生，这样造成的秩序混乱和利益损失，对社会而言就可能有不可承受之重。所以，我们应倡导“友善”待人，以德报怨，治病救人，从帮助他人回归法秩序的成就中感受生活之乐。

四、结　　语

专业课程的思政建设中一个比较普遍的问题是思政要素和专业要素的融合问题，正如2022年7月教育部等十部门印发的《全面推进“大思政课”建设的工作方案》指出的，课程思政存在“硬融入”和“表面化”等现象。2020年教育部印发的《高等学校课程思政建设指导纲要》亦指出，课程思政建设要解决好专业教育和思政教育“两张皮”问题。所以，如何将思政要素有机融合进专业课的具体教学内容，是事关思政课程建设成效的关键一环。本文探索将社会主义核心价值观融合进刑法学课程中正当防卫的教学，让社会主义核心价值观和法律制度之间形成法律精神和规范的有机联系，使在刑法学上一些尚存分歧的问题获得合理、妥善解释，这有助于学生从根本上认同社会主义核心价值观，从而避免思政要素硬灌输的问题。

参考文献

[1] 杨建义.社会主义核心价值观“三个层面”的内在整体性探析［J］.思想教育研究，2015（8）.

[2] 刘晓玲.社会主义核心价值观内容解读之“和谐”［J］.思想政治教育研究，2014（5）.

[3] 马克昌.犯罪通论［M］.武汉：武汉大学出版社，2005: 719.

[4] 何国锋.刑法典型案例分析［M］.北京：北京大学出版社，2016: 41.

[5] 张明楷.刑法学［M］.北京：法律出版社，2016: 199.

[6] 陈兴良.本体刑法学［M］.北京：中国人民大学出版社，2011: 256.

[7] 高铭暄，马克昌.刑法学［M］.北京：北京大学出版社、高等教育出版社，2022: 130.

[8] 王翠华.论社会主义核心价值观之友善［J］.湖北社会科学，2014（5）.

线上线下混合教学模式的大学生廉洁价值观融入研究

——以公共管理学科为例

胡于凝　杨旭凤*

摘要

本文从线上线下混合教学模式下大学生廉洁价值观融入的课程体系和教育实践出发，旨在探索公共管理学科大学生廉洁价值观融入的有效路径。一方面，就大学生廉洁价值观融入的课程体系而言，需要提前做好相关课程规划，充分挖掘课程中的廉洁教育资源，并做好线上线下混合的教学设计；另一方面，就大学生廉洁价值观融入的教育实践而言，需要营造良好的教育氛围、培养专业的教师队伍、选择适当的教育方式等。

关键词：混合教学模式；公共管理学科；廉洁价值观

* 胡于凝，上海师范大学哲学与法政学院劳动与社会保障专业讲师；杨旭凤，上海师范大学哲学与法政学院劳动与社会保障专业2021级本科生。

二十大报告中指出要建设堪当民族复兴重任的高素质干部队伍，坚决打赢反腐败斗争攻坚战持久战。大学生是新时代社会主义的接班人，是国家干部队伍的储备军，而公共管理专业则是为公共部门培养专业人才的摇篮。因此，在当前互联网时代，公共管理学科如何在线上线下混合教学模式的背景下更好融入大学生廉洁价值观教育，为国家干部队伍做储备，显得尤为重要。

一、混合教学模式的大学生廉洁价值观融入优势

在以往公共管理学科线下教学融入大学生廉洁价值观教育的过程中，可能会面临教学资源不足、教学资源单一以及教学乏味等困境，使得大学生廉洁价值观教育的融入效果不佳。而线上线下相结合的混合教学模式可以有效地利用各种资源优势，借助网络平台，丰富大学生廉洁价值观融入的教育内容、扩展大学生廉洁价值观融入的教育领域，以增强大学生廉洁价值观融入教育效果。

（一）混合教学模式有利于丰富教育内容

在混合教学模式之下，教师的教学不再是只以教材内容为中心、书本即全部的教学，不是只依靠书本内容对学生进行授课来渗透大学生的廉洁价值观教育，而是在开展教学活动之前，找好相关的资源，利用信息技术、依托网络平台，结合网上教学平台的教学资源并利用先进的教学工具进行教学，以资源辅助教学，丰富教学的内容。比如在融入大学生廉洁教育的过程中可以适当借助一些国内廉洁人物的故事，将廉明公正的精神等德育元素融入其中。同时拓展相关的廉洁反

面案例为同学们敲响警钟。通过利用各种资源丰富教学内容，从而实现课程廉洁价值观元素资源的共享与推广。显然，混合教学模式可以更好地弥补传统教学资源共享不足的困境。

（二）混合教学模式有利于扩展教育领域

线上线下混合教学模式在高校教学中的应用，使得信息技术与网络技术在高校教学中实现了广泛运用，其为大学生的廉洁价值观教育提供了提升理论魅力的前沿技术支撑。在以往的教学之中，单纯地向大学生讲述廉洁价值观的内容，部分学生可能会感觉内容枯燥，感染力不强。因此在公共管理学科教学中，利用资源优势可以改变以往单一的教学模式，增强廉洁价值观教育对学生的感染力。大学生的廉洁价值观教育可以依托多种载体，以各种各样的形式出现。比如二十大刚刚闭幕，这是全社会的一个热点事件。当教学中提到二十大报告中有关廉洁的内容时，教师可以不再仅仅是简单的口头讲述这部分内容，而是可以结合习近平总书记二十大报告的视频以及图片等讲述相关内容，让同学们感受到廉洁价值观的魅力，激发学生的倾听欲望，同时加深学生对大学生廉洁价值观教育的印象，达到多重效果。

（三）混合教学模式有利于增强教育效果

网络平台包含社会各领域资源，通过信息技术可以实现信息的即时传递与瞬间传输，这种信息传播并未由于跨界存在的时区、距离而被阻碍，反而可以提升工作的有效性和及时性。网络时代密切了学生与社会的联系，也打破了传统信息传播的时空桎梏。线上线下混合教学模式可以依托网络平台，增强大学生廉洁价值观融入的灵活性和有效性。在信息技术以及网络平台的影响下，学生学习的时空可以不断延伸，促使学生能够更精准地把控信息，可以按照个体诉求获取信息内容，使其摆脱时间和空间的限制，随时随地想学就学，进而给学生生活、学习带来更广阔与便捷的空间，满足了学生自主化、个性化的学习需求。同时，在线上线下混合模式的教学之下，学生还可以摆脱以往线下教学中课堂内容只能听一遍的困境。学生可以通过线上教育平台与观看录播视频等形式多次反复地学习教学内容，从而也会加深与大学生廉洁价值观教育相关内容的印象，增强大学生廉洁教育对学生的辐射力和影响力。

二、公共管理学科廉洁价值观融入的课程体系建设

线上线下的混合教学模式，在为从理论上融入大学生的廉洁价值观带来了一定的挑战的同时，也带来了一定的优势。大学生廉洁价值观教育的体系建设必须要充分考虑混合教学模式的特殊性。但是在混合教学模式之下，教师不仅可以利用互联网资源来丰富教材中的内容，还可以依托网络平台延伸课堂，为公共管理学科教学中融入大学生的廉洁价值观教育带来更多路径选择。

（一）公共管理学科廉洁价值观融入的课程体系

教师在开始大学生廉洁价值观教育融入的工作之前，要提前做好相关的廉洁课程体系规划，以保障混合教学模式下的大学生廉洁价值观教育融入的效果。一方面，线上线下相混合的教学模式会对教师的授课产生一定的影响。因此教师在做相关的体系规划之前，一定要考

虑到线上线下混合教学模式的特殊性，让教学方式计划与混合教学模式相匹配，避免出现因为教学模式改变而引发的一系列问题。另一方面，要将大学生的廉洁价值观教育有目的、有规划地贯穿到整个教学计划之中，提前设置相关的教学大纲，保证廉洁教育的连贯性和充足性，达到全程育人的效果。

（二）公共管理学科廉洁价值观融入的教育资源

相较其他学科，公共管理学科较为特殊，其与政府部门内容联系较多，因此在公共管理学科教学中有机融入廉洁文化元素具有天然性的优势。在公共管理学科教学中融入大学生的廉洁价值观教育，要善于利用教材中潜隐的教育资源，不露其痕、润物无声地进行廉洁教育。公共管理学科的专业课程可以大致分为经济类、管理类、方法类、社会类等课程。相较于方法类、其他类等课程，管理类、经济类、社会类课程内容与廉洁价值观教育的关联度较高，因此可以着重从管理类、社会类课程内容入手，有效融入大学生的廉洁价值观教育。

1. 以管理学类课程而言，“管理学原理”是一门系统研究管理活动普遍规律和一般方法的学科，是公共管理学科的专业课程。其以决策、组织、领导、控制、创新五大管理职能为主线，以篇章为模块，让学生通过理论学习，能够具备良好的沟通、决策、管理能力以及良好的领导、控制、组织协调以及创新能力等。“管理学原理”中的许多篇章内容都可以与大学生的廉洁价值观教育相嵌合。如传统管理思想的发展中提到中国的传统管理思想有顺“道”、重人、求和以及法治等。当提到“法治”时，强调要在法治面前人人平等，人人都得守法，“刑过不避大臣，赏善不遗匹夫”，各级政府官员也不能游离法外，必须遵法守法。由此可以把反腐倡廉的法律制度融入法治教育，培养同学们志存高远、廉洁公正的品质，以科学的价值观引导大学生思考什么该做，什么不该做，为大学生廉洁从业打下良好的思想道德基础。

2. 以经济学类课程而言，如“公共经济学”中提到市场是配置资源的有效途径，腐败则会扭曲经济发展的现代化进程和有序的市场竞争机制，违背市场交易的原则，为廉洁公正的市场交易秩序设置重重阻碍，妨碍我国社会主义市场经济体制的建设。因此，从经济学的角度看，大学生更应该树立廉洁的价值观，抵制腐败行为，铸牢廉洁价值观的思想防线。

3. 以社会学类课程而言，如“社会学教程”中提到了越轨行为。文章指出，越轨行为是违反社会规范的出格行为。越轨行为的判定与文化类型、群体价值、权力结构等因素有关。因此，教师可以将越轨行为的定义和影响因素与中华民族的文化环境相联系，通过提问一系列的启发性问题引导学生进行思考，从而使其受到廉洁文化的教育，树立正确的廉洁价值观。如儒家思想文化的影响下常见的越轨行为有哪些、我们应该如何避免这些越轨行为等等。

（三）混合教学模式与廉洁教育资源的融合

在线上线下混合教学的模式之下，依托相关网络平台，课堂可以不断延伸，由90分钟的课堂延伸为全天候的课堂，由校园延伸到社会，由面对面讲授到自媒体中的交流，为廉洁价值观教育的融入带来了更多的路径选择。我国的信息技术飞速发展，网络平台上资源丰富，内容广泛。开放的互联网平台为老师和学生提供了一个充分利用除教材之外的丰富资源和平台的机会。恰好当前的这代大学生，大多都为“00后”。这代人是伴随信息技术成长起来的一代人，对网络和新媒体情有独钟。遵循其心理特点，采用其喜闻乐见的方式，更贴近大学生，更容易激发学生的学习兴趣，可以使廉洁价值观教育达到理想的效果。

首先，在线上线下混合的教学模式可以将线上线下无缝衔接，课堂的时间和范围都将延伸，学生可以不受传统课堂的地点和时间限制，随时随地想学就学，自主地掌握学习的时间和进度。其次，网络学习平台资料丰富，可以将教学中抽象的内容生动化、形象化，很好地弥补大学生廉洁价值观教育的内容过于理论化的缺点。如与反腐相关的视频、案例可以增强学生对廉洁教育内容的印象，增强他们对于不良诱惑的抵制力，使他们免受个人主义、享乐主义、拜金主义腐朽思想的侵蚀，引导学生做清正廉洁之人。最后，当前的社交媒体种类呈现出广泛性的特点，如果可以恰当发挥这些社交媒体的作用，可以有效促进大学生的廉洁价值观教育。大学生用更加便捷、自主的接受方式受廉洁价值观的“洗礼”，主动传播相关内容，使得其廉洁价值观教育由外部灌输转化为文化自觉。[1]

三、混合教学模式大学生廉洁价值观融入的教学实践

混合教学模式的背景之下，在公共管理学科教学中融入大学生的廉洁价值观教育，不光需要从理论维度出发，更需要从实践维度出发践行廉洁精神。可以通过营造浓厚的廉洁价值观教育氛围以及加强对

教师队伍的建设两个方面践行大学生廉洁价值观融入的实践维度。

（一）廉洁价值观融入的教育氛围

营造浓厚的廉洁价值观教育氛围是混合教学模式下大学生廉洁价值观融入的实践维度的不可或缺的一部分。在混合教学模式之下融入大学生的廉洁价值观，要“多管齐下”。首先，在混合教学模式之下，教师可以鼓励同学们走出校园，通过社会实践等形式深入社区、政府部门等，观察现实生活中有关廉洁的具体现实情况，以及通过演绎与廉洁价值观有关的情景剧、廉洁主题的征文、演讲比赛以及邀请著名的廉洁模范、纪检专家到学校开展讲座等方式营造浓厚的廉洁价值观教育氛围，深化对大学生的廉洁价值观教育。其次，可以通过在网站、微信公众号、报刊、宣传栏等平台，不断加大廉政文化宣传力度，积极营造良好的廉洁文化氛围。例如上海师范大学的智慧校园中设有“学思清风”板块，积极地通过案例分享、传达中央通报内容等，时刻提醒广大学子扣好“第一粒扣子”，与腐败行为作斗争。最后，要在现实生活中与“不廉洁”的行为作斗争。大学之中，在各项考试和推优推免工作中，要时刻坚持廉洁原则，杜绝一切“走后门”的现象，在广大师生心中树立廉洁的“牌坊”。

（二）廉洁价值观融入的教育队伍

常言道：“打铁还需自身硬”，专业能力过硬的教师队伍是对大学生进行廉洁价值观教育的前提。如果教师对于廉洁价值观的内容理解不全面、不深入，就很难把廉洁价值观教育融入教学的各个环节之中。加强教师队伍建设可以从多方面入手。首先，可以对公共管理学科的教师进行培训。对教师进行培训可以提高教师对廉洁价值观的认识和将廉洁价值观的教育融入公共管理学科教学的技能。学校可以邀请校内外专家、思政专业课教师，对公共管理学科的教师开展讲座培训，加强对党规党纪、反腐形势、师德师风和廉洁文化等方面的教育。组织公共管理学科的教师进行示范课观摩和教学研讨，以增加教师的廉洁价值观知识储备，提升开展相关教育的技能。党的二十大刚刚闭幕，在培训过程中应当注意将培训与现实热点相结合，重点培训与现实热点相关的内容。在线上线下混合教学的模式之下，教师的讲座培训、示范课观摩以及教学研讨可以依托网络平台进行，以便减少不必要的风险和消耗。同时，线上线下相混合的教学模式还要求教师要提高其信息检索能力，满足混合教学模式下对教学资源的要求。也要求教师要将以往的教学思想转变为新的教学模式思想，适应新的混合教学模式的发展。其次，教师要发挥廉洁的榜样作用，以身作则，言传身教。教师是学生的师表，教师的一举一动对学生都有潜移默化的影响。教师为人师表，要廉洁从教，用自己高尚的人格魅力感染广大学生，为广大学生树立榜样。最后，专业课程教师队伍可以与公共课程教师队伍有机结合起来，与公共课程教师增加交流协同配合，形成合力，互相取长补短，共同促进线上线下混合教育模式下大学生廉洁价值观的融入。

（三）廉洁价值观融入的教育方式

当在公共管理学科教学中融入大学生的廉洁价值观教育时，无须严格规定利用教材进行廉洁价值观教育的量和度，避免本末倒置。教师只需“审时度势”即可。切勿将廉洁价值观教育随意、随机、无计划地附加于教学内容，而是将其系统、自然融入教学内容。生搬硬套，毫无逻辑联系，或者讲述教材内容与廉洁价值观教育联系太少，都将无法达到理想中依托教材内容进行廉洁价值观教育的效果。教师在讲述教材内容时，很自然地便可将大学生的廉洁价值观教育融入其中，使得同学们在吸收课堂知识的同时，又接受了廉洁价值观的教育，拓宽了知识面，丰富了思想，达到双重的效果。此外，注重教育方法的适当选择，如线下课堂教学案例中的廉洁元素分析与线上课堂相关理论的廉洁元素分析相结合；如线上课堂理论知识的廉洁元素学习与线下课堂实践教学中的廉洁元素相结合。诸如此类，目的是要通过多元的学习方法相互结合，克服单一教学模式时间空间的有限性，充分利用线上线下的教学优势，在专业课程教学中渗透廉洁价值观[2]，为新时代的公共管理事业输送有理论修养、有文化道德的优秀人才，为中华民族伟大复兴的中国梦贡献智慧和力量。

参考文献

[1] 陈海英，窦星辰.廉洁文化融入高校思想政治教育的路径[J].河北大学学报（哲学社会科学版），2017，42（02）：46-52.

[2] 胡于凝.大学生廉洁教育：英国经验及启示[J].国家教育行政学院学报，2018（1）：75-80.

民法课程中监护制度与社会主义核心价值观的融合

环建芬*

社会主义核心价值观是《中华人民共和国民法典》(以下简称“《民法典》”)的宗旨和灵魂，贯穿于《民法典》的各项具体制度和规范设计中，包括总则编至分则编。本文从课程思政角度关注《民法典》总则编中的监护制度与社会主义核心价值观的相互融合，以核心价值取向对法律内容的统率和引领为视角展开课程教学。

《民法典》中第一编第二章第一节“监护”部分共有14个条文，与1987年实施的《民法通则》4个条文相比，数量上增加了10个条文，内容上进行了一定调整。这些变化不仅仅体现在一般的数量和内容上，最主要是我们国家三十多年以来，总结了法治建设的经验而引发的变化。就监护部分而言，通过本课程的讲授，帮助学生从民法的具体内容中理解社会主义核心价值观中的“自由、平等、公正、法治”的理

* 环建芬，上海师范大学哲学与法政学院法律系副教授，硕士研究生导师，长期从事民商法教学和科研，主要开设课程为民法总论、物权法、债法、房地产法；至今已发表论文三十多篇，出版专著一部，作为主编或第一编著人编写教材十多种，独立完成或主持省部级等各类课题七项，在研主持国家社科课题一项。

念，该理念是对美好社会的生动表述，也是从社会层面对社会主义核心价值观基本理念的凝练。通过本课程教学旨在提高学生法律专业能力的同时，以社会主义核心价值观为核心，从“自由、平等、公正、法治”的理念，引导学生感受这些核心理念在具体法律中的体现。

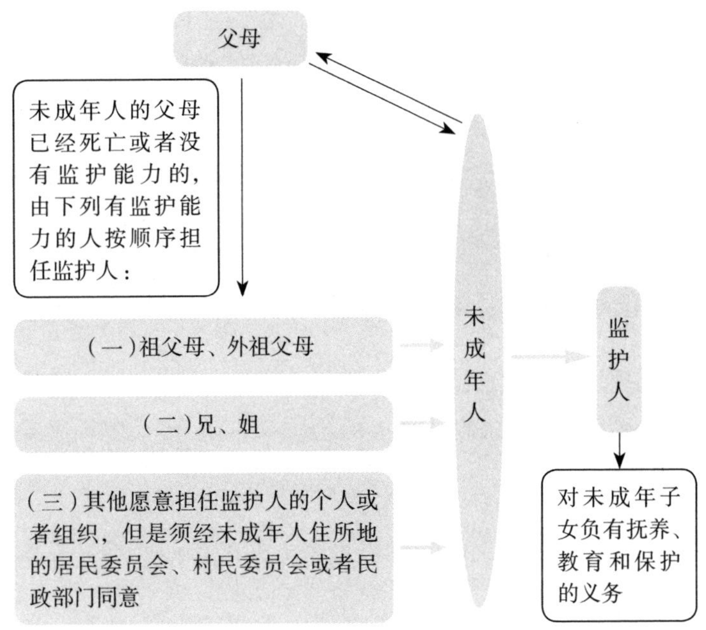

（图示：未成年人的监护人，《民法典》第26、27条）

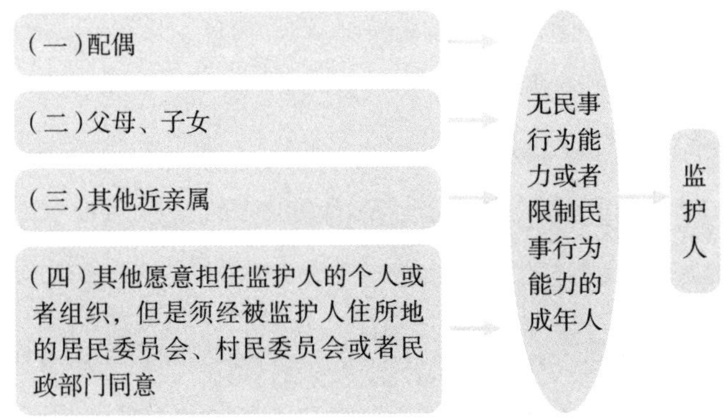

（图示：无民事行为能力或限制民事行为能力的成年人的监护人，《民法典》第28条）

本文涉及“民法学”课程是为法硕（非法学）一年级学生讲授，他们的本科专业是非法学背景，法学基础较弱。如何完成相关教学内容同时又达到一定思政教学的目的，这需要进行一定的课程设计。

一、思政育人与教学设计

本课程的教学目的是，通过“民法学”课程中“监护制度”单元的授课，潜移默化地融入课程思政内容进行教学。学生通过了解监护制度的历史沿革、基本内容，尤其是《民法典》新增监护类型的产生背景和具体内容，引导学生将监护制度与我国目前的政治、经济、社会发展的关系，特别是该制度与社会主义核心价值观所倡导的“自由、平等、公正、法治”理念的契合程度结合起来，由此不仅使其理解监护制度的基本内容，同时学会思考立法的价值所在，从宏观层面增强对课程内容的认识。

本单元课程设计为以下阶段：教师讲解—教师布置作业—学生课堂交流—教师点评。

首先，教师讲解。教师先讲解监护制度的基本内容，包括立法、学理和司法实践三个方面。分别梳理、归纳，让学生对该内容有一个整体认识；然后解读社会主义核心价值观所倡导的“自由、平等、公正、法治”的基本内容。

其次，教师布置作业。即三个问题：一是从法律角度，如何理解社会主义核心价值观中的“自由、平等、公正、法治”内容？二是监护制度中哪些内容体现了社会主义核心价值观中的“自由、平等、公正、法治”理念？三是以社会主义核心价值观中的“自由、平等、公正、法治”理念为视角，目前《民法典》中的监护制度还有哪些需要完善？

其三，学生课堂交流。在教师讲解的基础上，学生课后消化，然后查阅资料，准备回应教师提出的上述三个问题。课堂上，学生围绕这三个问题进行讨论。先是学生按照问题顺序逐个进行主场发言，然后学生展开自由讨论。

其四，教师点评。根据前述学生的发言和讨论，教师进行点评。点评过程中，教师着重以下方面内容：一是引导学生发现目前我国《民法典》中监护制度的特点和亮点，同时思考该制度存在的不足，从立法和实践角度观察该制度有待完善之处；二是引导学生从社会主义核心价值观“自由、平等、公正、法治”理念的视角审视目前我国《民法典》中监护制度，关注两者内容的融合。

二、思政育人的教学融入

（一）引入社会主义核心价值观进行讲解

教师授课之初是讲授社会主义核心价值观中“自由、平等、公正、法治”的基本内容，同时指出平等和公正是社会主义法治的核心价值。自由是指人的意志自由、存在和发展的自由，是人类社会的美好向往，也是马克思主义追求的社会价值目标。平等指的是公民在法律面前的一律平等，其价值取向是不断实现实质平等。它要求尊重和保障人权，人人依法享有平等参与、平等发展的权利。公正即社会公平和正义，它以人的自由平等权利的获得为前提，是国家、社会应然的根本价值理念。法治是治国理政的基本方式，依法治国是社会主义民主政治的基本要求。它通过法制建设来维护和保障公民的根本利益，是实现自由平等、公平正义的制度保证，把社会主义核心价值观融入法治，将社会主义核心价值观转化为刚性的法律约束和柔性的法理指引，是建设社会主义法治的重要议题。然后，教师引导学生将监护制度与社会主义核心价值观中的“自由、平等、公正、法治”理念进行具体的内容连接。监护制度是一个与我们生活密切相关的制度，让未成年人、意识或认知有瑕疵的成年人的合法权益获得充分保障，这是社会主义核心价值观的重要体现。就自由理念而言，监护制度中的意定监护、协议监护、遗嘱监护、委托监护便是具体体现。就平等理念而言，为确保权利能力有瑕疵者的权益不受影响，体现“自然人民事权利能力一律平等”，通过监护制度帮助无民事权利能力人和限制民事行为能力人享有权利和承担义务。就公平和法治理念而言，我国《民法典》监护制度根据监护对象不同，规定了未成年人监护和成年人监护；设定了法定监护、遗嘱监护、协议监护、指定监护、意定监护、委托监护六种方式，并对监护人的范围、具体要求等进行了具体规定；明确了撤销监护人资格、恢复监护人资格、终止监护关系的具体情形。

（二）布置讨论问题让学生课后准备，并提供相应参考文献

教师在完成教学内容讲解后，布置了上述三个问题，并提供了相应的参考文献，要求下次上课每位学生都参与课堂讨论。参考文献包括两部分，一是有关社会主义核心价值观的文件；二是之前《民法通则》、《民法总则》以及《民法典》立法的草案说明、相关内容的论文等。

本章参考文献

1. 朱广新：《监护监督制度的立法构建》，《苏州大学学报》2020年第1期。
2. 朱广新：《论监护人处分被监护人财产的法律效果》，《当代法学》2020年第1期。
3. 朱广新：《论未成年人致人损害的赔偿责任》，《法商研究》2020年第1期。
4. 彭诚信、李贝：《现代监护理念下监护与行为能力关系的重构》，《法学研究》2019年第4期。
5. 刘建：《〈民法总则〉第31条和第35条“最有利于被监护人的原则”评析》，《苏州大学学报》2019年第4期。
6. 费安玲：《我国民法典中的成年人自主监护：理念与规则》，《中国法学》2019年第4期。
7. 李霞：《协助决定取代成年监护替代决定———兼论民法典婚姻家庭编监护与协助的增设》，《法学研究》2019 年第 1 期。
8. 王竹：《论〈民法典·侵权责任编〉的监护人责任设计———以“体系位移效应说”为切入点》，《四川大学学报（哲学社会科学版）》2018年第5期。
9. 李国强：《论行为能力制度和新型成年监护制度的协调——兼评〈中华人民共和国民法总则〉的制度安排》，《法律科学》2017年第3期。
10. 胡雪梅：《我国未成年人医疗同意权行使制度之合理构建》，《法学》2012年第3期。
11. [德]迪特尔·施瓦布：“第三编监护、保佐和照顾”，选自[德]迪特尔·施瓦布：《德国家庭法》，王葆莳译，法律出版社2010年版，第443-468页。

（图示：教师PPT展示的参考文献）

（三）课堂交流

根据教师布置的问题，课堂上学生们积极参与了讨论。讨论中，一些学生说，现在明白了法律并不是一个简单的条文的集合和概念，而是与我们社会的各个方面有着紧密的关系。另有学生说，过去思政课上，感觉老师讲的社会主义核心价值观很空洞，不会想到它与法律的关系；现在不仅理解了这些价值观的内容，而且了解了监护制度的背景和适用意义。还有学生讲，作为学法的研究生，通过社会主义核心价值观的学习，对于成为一个正直、公正、守法的法律职业人有了明确的目标、意识和信心。课堂交流中，学生们罗列了一些监护制度的典型案例，从社会主义核心价值观中“平等、公正、法治”理念的角度交流了自己的观点，并提及了作为一个未来法律人的责任。他们提出，监护制度关注的是社会弱势群体、社会主义核心价值观中“平等、公正、法治”理念，通过人民法院具体案件的判决，让司法体现力量、明确是非、显示温度，让老百姓权益有保障。

三、课后强化

为巩固学生对监护制度与社会主义核心价值观的两者之间内容契合的认识、进一步理解我国监护制度发展的意义，增加对自由、平等、公正、法治理念的认识，教师布置了课后作业，让学生阅读相关文献然后写读书笔记——监护制度与社会主义核心价值观的关系，从而进一步提升对《民法典》中监护制度与社会主义核心价值观融合的认识。

四、课后总结

《民法典》承载着人民对美好生活的向往，把权利平等、人身自由等价值理念外化为法律的规范，体现了明确的价值导向。《民法典》中监护制度的内容符合国情和我国的现实状况，充分体现了我国社会主义核心价值观在立法中的运用。

通过本单元的教学，学生对监护制度与社会主义核心价值观之间的融合有了更加深入的了解，学会从顶层设计的角度去思考和理解立法的目的、宗旨；另外，从人才培养的角度，探索、推进研究生教学的价值观塑造和引领，推动知识讲授与价值观塑造的有效结合，使课程教学与法治人才培养有机结合。

伦理学立德树人的思政融入

——“巧克力女孩”的美丽故事：在勠力抗疫中唤起德性人格的力量

黄素珍*

引言：伦理学立德树人的宗旨

习近平总书记在全国高校思想政治工作会议上的重要讲话指出，高校思想政治工作根本在于做人的工作，其中三个要点在于：① 为谁培养人，即为人民服务，为中国共产党治国理政服务，为巩固和发展中国特色社会主义制度服务，为改革开放和社会主义现代化建设服务；② 如何培养人，即坚持不懈传播马克思主义科学理论，坚持不懈培育和弘扬社会主义核心价值观，坚持不懈促进高校和谐稳定，坚持不懈培育优良校风和学风；③ 培养什么样的人，即正确认识世界和中国发展大势，正确认识中国特色和国际形势，正确认识时代责任和历史使命，正确认识远大抱负和脚踏实地。

为了深入贯彻落实这一高校思想政治工作中立德树人的中心环

* 黄素珍，上海师范大学哲学与法政学院哲学系讲师。

节，上海师范大学哲学与法政学院伦理学教研室积极探索一条把伦理学理论与经验典范相统一、把养成大学生伦理品格与提高“课程思政”精神相融合的可行路径，旨在培养学生既具有理论理性又具备实践理性。理论理性所保证的是学会哲学思考，掌握伦理学的范畴群、命题形式和诸种理论形态；实践理性保证的是拥有并充分运用道德知识、道德常识，学会作为一个行动者应该作出正当的选择，作为一个有理性且无偏见的观察者应该作出正确的判断。伦理学课程思政教学案例展示为教学大纲第二章“德性与幸福”，这一章尤其能够深刻体现“立德树人”的要旨，而具有范例作用的经验案例则展现了“立德树人”的实现逻辑。

一、理论预备：伦理学介入生活世界的方式

为了能够让学生充分领悟“立德树人”的精神，授课老师首先应向学生进行概念和理论上的预备工作。这一章主要从道德哲学的角度阐释何为德性，德性何以可能，德性对人何以具有规范力量，如何安置德性与幸福的关系，以及如何处理德性与伦理环境和社会事实的关系。德性就其词源上来讲，是指事物据以实现它的功能，而表现出卓越、优秀、出色的特质。当人成为德性的载体，它就指作为整体人格的道德主体所具有的复杂而稳定的伦理能力。展开而言，德性包括道德认知、道德情感、道德意志、道德信念、道德行动五个要素。人作为道德能动者首先必须具备理智的要素，理解公共规范和个体责任，并对自己和他人形成恰当的自我尊重、相互尊重和共情同感的反应性态度，还必须具备实践敏感性的要素，判断在恰当的情景、针对恰

当的对象，一以贯之地以善良意志选择用正确且正当的方式言说和做事，从而形成坚实的道德信念和实践智慧。这些要素共同构成了一个完整自我的人格："人格既是追问和成就人本身的过程，又是它所成就的人本身。若要保证这种追问和生成得以实现，个体就必须在不同的语境下保持自我同一性，借以实现正确思考和正确行动，否则便无法实现自我目的。"（引自上海师范大学伦理学教授晏辉，《光明日报》2020年3月23日15版）

在基本概念的讲解环节上，授课老师向学生强调伦理德性不仅仅是一种心理状态，人还必须在活动和选择中持久地获取、训练和实现德性；反过来，德性滋润了人的心灵，形成了一个良好的有益于德性生成的伦理环境，使人更具有内驱力，趋向于实现蕴含在人性本质中的完善性，从而使人在共同体生活中渴望且现实地成为好人和成为好公民。

二、案例分析：以"巧克力女孩"为例

以德性概念为中心的美德伦理学尤为重视实践范例的应用，思政育人必须要以彰显人格力量的范例去触动学生的心灵、熏陶学生的品格。在案例选择环节中，授课老师结合上海师范大学师生的集体经历选择了"巧克力女孩"的范例。2022年春夏上海人民抗击疫情的斗争充分展现了"中国速度、中国规模、中国效率"，其间涌现了许多深刻体现中华民族传统德性的"中国故事"。我们必须收集、弘扬、续写这样的美丽故事，挖掘其中所体现的健全德性人格，其中"巧克力女孩"的事迹构成了抗疫旋律中一个温暖而感人的旋律。上海师范

大学哲学系美学专业的“95后”女研究生陈真真，在学校封校、师生们勠力同心抗击疫情的时候，用自己课余做兼职攒下的约5万元积蓄，自费为全校师生们购买多箱巧克力，希望师生们在辛苦抗疫之余尝到一点浪漫的甜，减轻封控环境带来的情绪低落。陈真真同学的无私善举获得了全校上下和社会民众的热烈赞誉，却不料招致键盘侠的恶毒网暴，无端诋毁其“慷父母慨”，用父母的血汗钱沽名钓誉；甚至捏造事实污蔑其从事不正当职业。遭遇这样的网暴，陈真真同学没有被击倒，真挚地公开表示“如果这个时代需要太阳，那我愿成为一抹微光，尽自己所能有一分热发一分光”。同时，上师大师生坚定地站在她的身边，各自以不同方式在网络和真实生活中传播其善举，共同营造一个清正向善的风气。

三、思政育人的课程融入

结合美德伦理学的理论预备，伦理学授课教师引导学生从案例中进一步思考：① 作为行动者，陈真真同学的言行展现了德性人格高贵而勇敢的力量，这正是我们时代所呼唤的“立德树人”精神的具体展现。陈真真同学的行为也体现了中国古代儒家的修己成人之道，是“仁者爱人”“成己成物”“穷则独善其身，达则兼济天下”思想的体现。这种精神值得广大青少年学习。② 作为旁观者，我们对陈真真同学的称誉是正确且正当的判断，这反过来又构成了真实的伦理环境和社会事实。伦理环境和社会事实不是指单纯描述性的经验事实，而是已经渗透了人们在行动和互动领域中对彼此合理的规范性期待，我们对陈真真同学公正的判断、对无良网暴的斥责体现了我们所共同承认并践行的公共道德规范。③ 美德伦理学尤为强调实践敏感性，因此我们颂扬陈真真，并不意味着我们要求所有人都履行与陈真真一样的道德行动。我们鼓励每一个有向善意愿的人都应该且能够以自己的方式、在具体责任的践行中把善念转变为善行，并成全其自身的完善性。在思政育人的总体目标下，我们应该培植、培厚我们伦理环境中的德性品格，以道德清气驱逐卑污之邪气，以坦荡无偏的人性压制冷漠的犬儒歪风，以源于中华民族心灵深处的道德人格之力量为取得抗击疫情的最终胜利提供坚定的意志和信念保障。

融入“课程思政”元素的应用型人力资源管理专业教学思考

——以《劳动关系与劳动法》为例

李秋香*

摘要

本文基于应用型人才培养目标的教学实践需要，以社会对人力资源管理专业毕业生的实际需求为视角，在课程思政视域下，结合二十大报告和当下本科毕业生就业困难的现实背景，对目前人力资源管理专业教学环节如何融入“课程思政”元素进行研究。针对人力资源管理专业教学不仅承担着提供相关专业管理理论与实务的任务，而且应当培养毕业生职业道德和社会责任感，在其核心课程之一的《劳动关系与劳动法》的教学实践中，需要思考如何增强教学的思想性、综合性和生动性，达到对应用型本科人才综合职业能力目标的需求，培养出真正具有社会责任理念与实务能力的

* 李秋香，上海师范大学哲学与法政学院人力资源管理系讲师。

毕业生。

关键词：课程思政；企业社会责任；员工关系管理

二十大工作报告明确提出教育、人才是全面建设社会主义现代化国家的基础性、战略性支撑。必须坚持人才是第一资源、创新是第一动力，深入实施科教兴国战略、人才强国战略，培养造就大批德才兼备的高素质人才，是国家和民族长远发展大计。高校教育教学活动的根本目的在于培养出适合社会发展需要的高素质人才。要达到理想的立德树人效果，就要求高校教师在课堂教学当中针对专业特点将课程思政元素融入专业课程教学，从教学各方面不断进行探索、实践和创新。人力资源管理专业肩负着为将要从事管理工作的学生灌输理念的任务，结合目前我国企业普遍关注如何平衡商业成功和企业社会责任的问题，要求教师在专业教学活动中引导学生在提高人力资源管理专业技能的同时重视企业伦理，关注企业社会责任，将之作为企业战略的重要组成部分，提升学生的责任意识和使命感。

一、“课程思政”元素融入专业课程教学改革的背景

“课程思政”是将思想政治教育融入专业课程的一种新探索，2020年教育部颁布的《高等学校课程思政建设指导纲要》对“课程思政”的任务、目标、内容等方面作出了具体要求。目前各大高校在专业课堂教学的同时逐步展开各种“课程思政”教学探索工作，对于大学生的专业培养和价值观念的引导取得了一定的成效。

（一）“课程思政”含义

作为一种新的教学理念，“课程思政”指大学所有课程都具有传授知识培养能力及思想政治教育双重功能，在专业课程中进行思政教育，在给学生传递知识和能力的同时不断提升思想水平，共同促成立德树人目标的实现。具体而言是将思想政治的元素，包括思想政治教育的理论知识、价值理念以及精神追求等融入各门课程中，潜移默化地对学生的思想意识、行为举止产生影响。课程思政承载着培养大学生世界观、人生观、价值观的作用，建立各类课程同向而行的机制，专业课程不仅具有传授知识培养能力的任务，同时也具有思想政治教育的目标，大学教育涉及人生观、价值观、职业观等的塑造，承载着培养大学生世界观、人生观、价值观的任务。

作为一种新的教学思维方式，“课程思政”是指不改变专业课程的性质，强调所有的教师都有育人职责，所有课程都有育人功能，教师在教学过程中应当充分发挥“育人的根本在于立德”，将课程思政元素融入专业理论教学中，从教学的顶层设计上将“立德育人”与专业培育相结合，丰富专业课程的内涵，真正让“各类课程与思政课同向同行、形成协同效应”。

（二）“劳动关系与劳动法”课程介绍

人力资源管理专业课程是一门遵循专业人才培养的应用性学科，以为企业培养从事人力资源管理专业人才为主要方向，其核心课程之一是由理论知识和实务技术两大模块构成的“劳动关系与劳动法”。

很长一段时间，“劳动关系与劳动法”课程教学中，在员工关系理论知识部分更多介绍的是西方员工关系理论，但对西方理论的批判性研究不足，由于客观上西方国家对员工关系理论发展较早，如果不能科学分析其包含的原理及相关内容，可能会使中国的青年学生无法形成正确的归因。因此，本课程专业课教师应根据课程特点，在员工关系理论中融入课程思政元素，从专业理论知识中提取价值观念和教育因素，在教学过程中逐步培养学生的学习能力和创造性解决问题能力，帮助学生提高独立思考和批判性思维等高阶认知能力，以养成职业素养，达到“教书育人”的教学效果。

（三）专业课程教学融入课程思政元素的必要性

1. 社会的需要

二十大工作报告明确提出我国的建设要走“中国式现代化”，高校在我国进入第二个百年奋斗目标进军新征程中，承担着为建设“中国式现代化”社会主义市场经济培养优秀专业型及复合型管理人才的任务，在推动经济发展和提升毕业生就业能力方面具有不可推卸的责任。在我国这样十四亿多人口整体迈向现代化的社会，规模超过现有发达国家人口的总和，艰巨性和复杂性前所未有，发展途径和推进方式也必然具有自己的特点。从人才培养方向来看，国家现代化建设需要的不仅是能将专业知识和技能应用于从事的专业工作和社会实践的中高级应用型人才，而且这些人才还要具备自信自强、守正创新、奋发有为的精神，这就为我国高校教育提出了人才培养的目标。具体到应用型人力资源管理专业的教学实践中，就需要在加强专业知识的系统性和完整性的同时，增强学生的道路自信、理论自信、制度自信、文化自信，厚植爱国主义情怀，使得他们能够通过掌握的专业知识解决实际工作中的问题，在职业生涯中应对工作情景的不确定性，解决工作困境。

2. 学生职业发展的需要

我国要建立的“中国式现代化”既有各国现代化的共同特征，更有基于自己国情的中国特色。中国现代化是人口规模巨大的现代化，是全体人民共同富裕的现代化，是物质文明和精神文明相协调的现代化，是人与自然和谐共生的现代化，是走和平发展道路的现代化。目前高校学生成长于价值观念多元化时期，如何在专业课程教学中引导这些随着互联网和社交媒体成长起来的“95后”、“00后”大学生正视现实、敢于走在时代前列，就成为专业教师的重要责任。人力资源管理专业学生毕业后将要进入企业、事业单位从事人力资源管理方面的政策制定、组织管理、实务操作等工作，这类岗位不但要求从业人员理解并掌握相关的政策和理论知识，运用所学的知识技能解决员工关系管理中的复杂问题，通过良好的沟通技巧解决人力资源管理的问题，更要求对国家有强烈的情感和全面的认识。例如“劳动关系与劳动法”课程是培养学生在社会主义市场经济条件下依法管理企业员工关系管理的相关能力，特别是当下复杂的国际形势下，如何建设具有中国特色的劳动法制环境显得极为重要。这就要求从业人员一定要坚持正确的政治方向，在处理用人单位的劳动纠纷中依法管理，在企业管理实务中不断弘扬社会主义核心价值观。因此，必须加强人力资源管理专业课程思政元素的融入，为党育人、为国育才，着力培养拔尖创新人才。

二、融入课程思政元素的专业课程教学路径探索

二十大工作报告明确提出我国坚持依法治国和以德治国相结合，把社会主义核心价值观融入法治建设、融入社会发展、融入日常生活，推动理想信念教育常态化制度化。而高校的人力资源管理专业开设的“劳动关系与劳动法”课程正是一门关于系统地研究劳动关系与劳动法的基本理论、制度及实用方法的应用性学科，在人力资源管理专业开设的“劳动关系与劳动法”课程内容包括员工关系管理理论、实践方法、应用技术、管理手段等方面，教学中应将课程思政的主旨和内容充分落实在专业课堂上，植入企业社会责任培育，通过融入课程思政元素进行专业课程建设，从教学理念、教学环节设计、应注意的问题方面进行分析，紧扣现实需要，用社会主义核心价值观铸魂育人，引导大学生树立远大理想，在专业教育中回答“培养什么人、怎样培养人、为谁培养人”这一教育的根本问题。

（一）融入课程思政元素的专业课程设置

教师是“课程思政”的引领者，需要根据高校人才培养的目标，按照专业培养方案的培育方向，梳理课程结构、教学内容、教学教法等，对思想政治教育元素的融入进行系统化、再造性的设计和实践；在组织教学过程中，吸收传统教学方法的有益之处的同时，建立具有课程思政特色的课程教学体系。

1. 培养目标方面

目前国内大多数人力资源管理专业本科阶段的培养目标是要求学

生掌握现代人力资源管理理论和方法，能够在相关领域从事理论工作或实施现代人力资源管理运作的管理人才。在培养目标上，不仅要将毕业生定位于能够从事日常的、事务性的工作，更重要的是能够胜任高级管理的角色。那么对于关键能力的培养，如团队建设、组织设计与变革、企业重建等深层次的培养问题就显得尤为重要。具体体现在“劳动关系与劳动法”课程上，这就需要员工关系管理岗位上的HR工作人员积极参与到创建企业的各项活动中，进行超出以往的事务性操作工作，将和谐员工关系理念融入人力资源管理工作中，使人力资源管理的各项活动与企业社会责任战略保持一致，并落实到人力资源管理的各项工作中。据调查显示目前企业大多认为，制定社会责任战略的企业，由人力资源管理部门或组成的专门小组负责企业“CSR”（企业社会责任）战略的执行。在中国，企业社会责任已受到学校老师和学生的关注，高校已经把学生责任商业道德引入教学环节。这表明提高员工与其自身的职业道德水准是人力资源管理发展的重要趋势之一，如何将现有的专业知识和职业道德培养结合起来，在专业课程中与课程思政元素有机融合，进一步提高和增强企业人才职业道德和社会责任感，这是高校人力资源管理专业面临的教学任务，也是在专业培养目标上关系到人力资源开发的战略高度问题。

2. 课程教学内容体系方面

人力资源管理专业课程体系的设计要根据专业特点，挖掘包含其中的课程思政元素的核心内容，例如“劳动关系与劳动法”课程包含大量的思政资源，在《劳动合同法》部分就蕴含着丰富的课程思政素材：在“三期女职工预告解雇的限制性条款”中，体现了我国劳动法律对于女职工的特殊保护，彰显了制度的优势；在“经济性裁员”部分对于裁员的程序做了严格的规定，体现了国家对于劳动者就业的高度重视；在分析社会主义市场经济条件下的劳动关系及各项劳动制度，正确诊断劳动关系状况，处理员工之间的冲突和变革中的劳资冲突等内容时，专业教师应结合我国实际状况，立足我国国情，客观介绍我国劳动权益和劳动环境，对安全卫生、劳动条件、工资报酬、工作时间、禁用童工、禁止性别歧视、保障人权以及环境保护等方面的现实状况和未来趋势客观全面地分析；要使学生清醒地认识到各国具体情况不同，任何国家的任何模式都不能生搬硬套。为此，要求在传授相关知识的同时，引导学生横向比较国内外的情况，在课程中通过植入企业社会责任教育，增强学生服务国家、服务社会的责任感，产生对于我国劳动法律制度的认可和信心，增强制度自信。

（二）融入课程思政元素的授课方式

传统的“劳动关系与劳动法”课堂教学一般采用理论性较强的内容，以教师讲解为主，例如员工关系基本理论、西方员工关系理论的发展历史和历史背景部分，掌握劳动关系学的产生、发展、成熟、演变的基本轮廓、基本规律，帮助学生掌握与人力资源管理相关的知识与理论，使之能够具备分析、研究中国员工关系管理的能力；开放式的内容，开展启发式教学和讨论式教学，培养企业所需人力资源管理专业人才为主要方向，在本课程内容的选择上，以企业实务岗位需要为导向，介绍我国关于劳动法、劳动合同法等相关法律规范，提升学生的依法处理管理事务的能力。下面将从课堂教学实践中，针对“劳动关系与劳动法”类课程实践性强的特点，具体以几种典型的交互式教学方法为例进行融入式课程思政元素的思考。

1. 案例式教学法

案例式教学法是由美国哈佛大学商学院倡导的案例型式教学，具有操作简便、成本低、学生参与性高、教学效果好的特点，是教学中最常用也最易用的方法。在“劳动关系与劳动法”课程中介绍员工纠纷部分，通常会采用案例式教学方法，选取经典的企业劳动争议案例，采用学生自由发言的形式，引导学生进行案例讨论与分析，教师进行点评，深化对企业的社会责任的理解。在这个过程当中教师就可以注意挖掘课程思政元素，适时将立德教育融入企业劳动关系实务中，开发学生应用与创新能力，以案说法、师生互动，引导学生积极思考。例如通过介绍美国企业流行的“末位淘汰制”案例，介绍中美法律的差异，突出中国劳动合同法对劳动者的倾斜型保护，凸显国家的法律优势，引导学生根据中国具体国情进行思考，增强爱国主义热情，帮助学生订正对法规的误读，培养正确的价值观。帮助学生在解决问题的过程中，进行企业社会责任教育，发现劳动纠纷背后的深层次原因，了解我国劳动法律法规所蕴含的价值判断和制度优势，训练学生不仅能够正确分析企业管理中出现的劳动纠纷，掌握劳动法规的基本内容、操作劳动法律所需的知识，并能引导专业学生的价值思考，正确分析实际劳动争议案件，并提出合法、合理、合情的企业管理方案。

2. 情景模拟教学法

情景模拟是目前管理专业强化实践教学环节、提高管理者综合素质、培养实践应用型和复合型经营管理人才的最佳方式。例如，在模拟“劳动争议调解与仲裁处理”部分内容的课堂教学由理论知识探讨与实践情境体验构成。首先，给予情景模拟训练以充足的时间，拟定情景模拟训练的课题，各小组需要经过事先案例准备，进行分工，选出本组的当事人双方、仲裁员（企业内部调解委员会）、记录人，每人负责本身角色的扮演，组中每个学生担任一角色，协同完成一个项目；然后，分别就本组劳动争议案例模拟劳动争议仲裁现场；模拟结束后由另一小组提问。通过情景模拟，一方面让学生体会各个角色在实验中的不同作用，学习不同角色的业务能力，经由掌握与深化知识过渡到掌握劳动关系管理的相关技能，团队成员通力合作、群策群力、各取所长，教师要求学生承担具体的工作，记录每个小组成员的承担角色，避免“搭便车”的现象出现，培养学生的诚信意识；另一方面也在培养学生创新精神的同时，在协同合作、沟通交流过程中形塑互助友善意识，培养团队精神，最终促进学生知识、能力、情感、素质的协调发展。

（三）融入课程思政元素的多媒体互动教学

在组织教学过程中，针对人力资源管理专业是一门实践性很强的学科，通过实施“以学生为主体，教师为主导”的教学理念开展交互式课堂教学活动，通过互动讨论各章节知识点，精选出适宜的主题，融入课程思政元素进行专业能力培养。如在“劳动关系与劳动法”课堂上灵活运用辩论式、研讨式、互动式等，有效组织学生积极参与，激发大学生认真学习、积极实践、广泛讨论、积极思考的良好氛围，实现认知情感、理性和行为全方位认同，在潜移默化中帮助学生树立正确的人生观和价值观。

“劳动关系与劳动法”教学可以充分利用网络所提供的各类资源来创设情景，专业教师在课堂教学中通过利用视听媒体和交互媒体等现代教学媒体，增大课程思政资源信息量。例如引入系列优质的纪录片和影视文学，有针对性地对人力资源管理专业学生进行职业培育；运用多媒体辅助教学创设情景，通过补充弘扬正气的影视作品中外影视（例如，在介绍工业化早期的劳动关系历史实践部分，英剧《南方与北方》生动地再现了英国工业化早期工厂的劳动关系和工会困境）、短视频、视频剪辑软件等，加强与学生的沟通，以现代的沟通交流方式充分直观地对学生进行引导，调动学生的参与感，顺其自然地传递课程思政理念；通过利用QQ、微信等网络通信手段，提高学生的学习兴趣，与学生进行社会问题探讨和交流，引导价值、传递情感和道德示范。

（四）融入课程思政元素的专业实践活动

为了对学生的长远职业发展负责，高校应当在教学环节让学生尽可能多地接触实际问题，尤其是人力资源管理专业的学生应当到企业中参观、调查、实习，贴近企业、贴近社会，了解企业履行社会责任的现状。如与企业人力资源管理者座谈、了解企业实践；聘请相关单位的人力资源主管进行专题演讲、座谈、答疑、研讨或针对性的实践活动，保持学生与社会专业人士之间交流，参与企业社会责任、人力资源方面调查，通过调查问卷、调查方案的设计、调查报告的撰写，培训学生的动手能力。通过这些活动，了解社会现实，在真实的职业生活中反复练习知识和技能，让学生运用专业知识，对人力资源管理工作的基本情况有直观的了解，全面了解一个企业人力资源管理的现状，包括人力资源规划、工作分析、绩效管理、薪酬管理、人员招聘、劳动关系管理等方面实务，教会学生用正确的立场观点方法认识并分析问题，也更有利于学生的成长。学生通过与企业的交流、合作，以及结合专业知识进行思考，才可能真正培养创新能力、提高市场就业能力。让学生更深刻地认识世界、理解中国，增强民族自信心和社会责任感，也是生动地理解国家的一种重要形式。

三、结　束　语

今天世界正处于百年未有之大变局中，人类社会面临前所未有的挑战，青年是国家的希望和未来，文化兴则民族兴，知识经济时代呼唤人才培养及管理方法变革。青年强，则国家强，高校肩负着为将要从事管理工作的学生灌输理念、提升学生的责任意识和使命感的重任。疫情中毕业生就业能力问题的社会关注度不断提高，高校在课程教学改革中通过渗透课程思政元素，使提高学生学术研究能力与培养全面人格相结合，提升学生的责任意识和使命感，是培养中国式现代化道路所需高素质人才的重要保证。当代中国青年生逢其时，施展才干的舞台无比广阔，我们相信有理想、敢担当、能吃苦、肯奋斗、怀抱梦想又脚踏实地，敢想敢为又善作善成的专业人力资源管理人才实现梦想的前景必将无比光明。

参考文献

[1]《新华社》，习近平：高举中国特色社会主义伟大旗帜，为全面建设社会主义现代化国家而团结奋斗——在中国共产党第二十次全国代表大会上的报告，2022-10-25.

[2]《人民日报》，2022年11月11日17版.
[3] 李秋香.后疫情时代如何在员工关系管理专业课程教学中植入企业社会责任的教育 [M].将学术写在祖国大地上论文集，东方出版中心，2023.
[4] 李秋香:《基于应用型人才培养目标的实践性教学课程创新研究与应用》,《应用文科本科专业教学改革》，统计大学出版社，2019.
[5] 李秋香.人力资源管理专业员工关系课程实验教学环节探索 [M].德业竞进　学以致用，上海三联书店出版社，2015.
[6] 邓秋柳，邓秋枝.启发式教学法在社会保障学课程改革中的运用 [J].教育教学论坛，2020 (17).
[7] 时显群.法学专业课程思政教学改革探索 [J].学校党建与思想教育，2020 (2).
[8] 柯翌娜.课程思政视角下保险学课程改革探索 [J].山西财经大学学报，2019 (2).
[9] 杨月坤.高校人力资源管理专业实践教学体系的构建与实施 [J].中国电力教育，2012 (26).
[10] 祝新.高校人力资源管理专业实践教学存在的问题与对策 [J].当代经济，2008 (7).

三位一体的人才测评实验课程思政教学路径探索

李旭旦*

摘要

党的二十大明确新时代的大学生成长成才的时代要求，本文分析了人才测评实验课程思政的内涵，梳理了课程思政建设中的问题，提出了三位一体的课程思政建设路径，以期实现学生对人才强国战略的认知、职业理想信念的树立，未来成长成才的规划，促进教学质量的进一步提升和立德树人目标的实现。

关键词：人才测评实验；课程思政；三位一体

一、引　　言

2022年10月党的二十大胜利召开，会议总结了新时代中国的伟

* 李旭旦，上海师范大学哲学与法政学院人力资源管理系讲师。

大变革和成就，指明了党和国家事业的发展方向，强调建设教育强国、办好人民满意的教育，全面提高人才自主培养质量，着力培养担当民族复兴大任的时代新人[1]。党的二十大也为课程思政指明了方向，课程思政有利于党的二十大精神的落实，有利于大学生的成长发展，通过课程促进学生了解新时代的伟大实践、认同中华民族伟大复兴的使命担当，把握新时代中国特色社会主义思想与方法，明确新时代大学生成长成才的要求。

二、人才测评实验课程思政内涵与目标

课程思政的根本任务是立德树人，培养新时代的大学生成长成才。这就需要通过积极引导、潜移默化的方式对大学生的理想信念、爱党爱国、系统观念和责任担当等方面进行培养。人才测评实验课程是一门对人进行评价的实践课程，这些研究不仅仅包括一些人才测评专业的知识、技能和能力，还包括了价值观、态度等。人才测评实验课程育人目标体现着教学的价值，课程思政元素的发现与融入，是大学生专业知识传授、职业能力培养和理想价值教育的有效结合。课程通过各个实验环节的多样化的实训实践，强化人才强国战略、社会主义核心价值观、职业道德与价值等内容的引导和内化，促进学生的全面发展。

三、人才测评实验课程思政建设中的问题

人才测评实验课程本质上是一门专业实务课程，内容包括人才测

评的知识、技能和能力的传授和实践。知识部分包括人才测评在人才战略中的作用、人才能力模型构成、人才测评方法、人才测评项目管理等；技能部分包括需求调研技术、素质模型构建技术、人才测评技术和人才项目管理技术等；能力部分包括系统观念、思辨能力、领导力、沟通与合作、专业精神、责任担当等。人才测评实验课程具有较强实务性，因此在传统教学实践中与课程思政的内容的融合上相对比较欠缺，课程思政的元素挖掘不够深入，课程思政的内容融合方法单一，缺乏完整的课程思政体系设计。

四、三位一体的人才测评实验课程思政教学路径

人才测评实验课程思政教学可以构建三位一体的教学路径，从任课教师、教学内容和实验方法三个方面来提升课程思政的效果。

（一）任课教师课程思政意识的提升

教师是人才测评实验课程思政的第一责任人，负责课程思政的设计与落地，担负着立德树人的责任。任课老师需要通过不断提升课程思政的意识，才能有效完成大学生培养的要求。

一是丰富课程思政的知识储备。教师要通过各类学习、研究，加大对课程思政内涵的理解和经验的总结，为构建完善的课程思政体系积累丰富的资料、汲取丰富的养料，加快提升课程思政的意识，提高课程设计的能力，丰富课程实践的方法与手段，提高课程思政转化的有效性。

二是提升任课教师的政治素养。教师要主动加强政治学习，通过相关文件、政策、报告等路径加强学习，特别是对二十大报告中关于

教育的重要论述的学习，并把政治认同、爱党爱国的情怀、职业道德等内化于心，从而在教学过程中充满正能量，发自内心地对学生进行正确价值观的引导，做到“润物细无声”；通过高尚的师德、严谨的治学态度，将立德树人通过言传身教潜移默化地融入学生的教育教学之中，讲好中国故事、教好专业知识、练好职业技术。

（二）教学内容课程思政元素的挖掘

深入挖掘人才测评实验课程的课程思政元素，一是人才测评价值分析中，引入人才强国战略，体现高质量的评价有利于选拔人才、发现人才、促进人才的人岗匹配；二是在人才测评方案设计中，强调系统观念，提升认识论方法论的理解和运用，能运用战略思维、辩证思维处理好在人才评价方案设计中专业与项目的关系，分析好项目需求、测评方法、实践资源等要素及其本质，把握好短期与长期、局部与全局、部分与整体的关系，促进完善人才测评方案的可行性；三是在人才测评方法的实践中，有对职业价值观等相关维度的测评，可以和社会主义核心价值观相结合，分析分享理想信念内涵，把握核心价值观的要求等；四是在人才测评项目管理中，融入职业责任担当、工匠精神，促进学生在完成任务中理论联系实际。

表1　人才测评实验课程思政元素表（部分）

课程内容	思政元素	重要表述
人才测评价值	人才强国战略	必须坚持科技是第一生产力、人才是第一资源、创新是第一动力，深入实施科教兴国战略、人才强国战略、创新驱动发展战略，开辟发展新领域新赛道，不断塑造发展新动能新优势。 青年强，则国家强。

续　表

课程内容	思政元素	重 要 表 述
人才测评方案设计	系统观念认识论方法论	系统观念是具有基础性的思想和工作方法。 全面深化改革是一项复杂的系统工程，需要加强顶层设计和整体谋划，加强各项改革关联性、系统性、可行性研究。 做到全局和局部相配套、治本和治标相结合、渐进和突破相衔接，实现整体推进和重点突破相统一。
人才测评方法实施	社会主义核心价值观	社会主义核心价值观具有凝聚人心、汇聚民力的强大力量。 深入开展社会主义核心价值观宣传教育，深化爱国主义、集体主义、社会主义教育，着力培养担当民族复兴大任的时代新人。推动理想信念教育常态化制度化，持续抓好党史、新中国史、改革开放史、社会主义发展史宣传教育，引导人民知史爱党、知史爱国，不断坚定中国特色社会主义共同理想。 “理想指引人生方向，信念决定事业成败。没有理想信念，就会导致精神上‘缺钙’。”
人才测评项目管理	责任担当意识	“着力培养担当民族复兴大任的时代新人”的任务，培养大学生成为“有理想、敢担当、能吃苦、肯奋斗的新时代好青年”。

（三）实验方法课程思政教育的融入

丰富课程教学的实验形式，综合诸如案例分析、项目实施等多种多样的实践环节。

在人才测评实验课程的案例分析中引入诸如时代楷模人物，通过对这些先进人物的成长和发展中的案例、视频资料的分析，挖掘基于冰山理论中冰山之下的深层次的价值理念、家国情怀、职业精神与态度，在提升学生测评技术运用能力的同时，提升其对先进人物的认知，深入理解党和国家培养和评价人才的内涵和机制，成为优秀人才的理想信念与职业价值要求，促进学生树立科学的人生观和价值观。

在人才测评实验课程的项目式实验中，融入责任担当内容。在测评实务实验的整个项目管理过程中，一方面项目内容包含了专业领域的分析，另一方面包含了很多组织管理的内容，项目管理的体系下需要通过完成事无巨细的过程任务，包括编制大量的文档、资料、试题、手册等。与此同时，项目的时间持续比较久，涉及内容多而细，这就容易导致学生完成任务时会懈怠。通过课程思政的渗透，通过内容设计、过程跟踪、评价激励等手段，使学生能用心投入实验过程，激励勇担重任的精神，从而强化大学生的责任担当意识和能力。项目内容的设计上，安排学生参与到对一年级新学的职业素质测评项目中，通过实践提升对人的评价分析能力，同时要求其帮助引导一年级新生更快更好地适应大学生活，储备好未来就业能力，在整个准备和实施过程中，进一步体验作为学长的责任担当，激发起服务好大一新生的责任意识，在测评项目实施后反思自己的成长发展，为后续的学习和成长树理想、立目标、做规划。

五、结　　语

习近平总书记在党的二十大报告中强调，要坚持教育优先发展、科技自立自强、人才引领驱动，加快建设教育强国、科技强国、人才强国，坚持为党育人、为国育才。人才测评实验课程思政对于学生而言可以了解国家人才强国战略的方向，增强人才发展观念，学会运用科学的方法论，提高解决问题的能力，树立正确的职业价值和职业态度，提升人力资源专业能力和人才评价技术，为未来人才工作打下扎实的专业基础，促进人才队伍建设，培养优秀的人才，为国家人才强国战略添砖加瓦，完成新时代青年的历史使命。

参考文献

[1] 习近平.高举中国特色社会主义伟大旗帜 为全面建设社会主义现代化国家而团结奋斗——习近平同志代表第十九届中央委员会向大会作的报告摘登[N].人民日报，2022-10-17.

“青少年社会工作”课程思政设计
——“巧克力女孩”网暴案例的运用

刘 行*

一、课程简介

“青少年社会工作”是社会工作专业的专业方向选修课。通过学习，学生可以了解青少年时期的基本特征及需求、青少年社会工作的基本概念，理解青少年社会工作的基本理论，探讨青少年所处的发展环境对青少年的成长发展产生的影响，学习青少年社会工作的实务技巧。课程旨在培养学生具备青少年社会工作的基础知识和专业视角，提升其分析并解决实际问题的实务能力。

二、典型教学案例

（一）案例名称

面对网络暴力，青少年社会工作者该如何应对？

* 刘行，上海师范大学哲学与法政学院社会学系讲师，社会工作专业负责人。

（二）案例教学目标

1. 知识目标

具有扎实的基础知识和专业知识，善于了解国情，善于分析各种社会现象和问题，了解专业及相关领域最新动向和发展趋势。

2. 能力目标

能够运用青少年社会工作的三大工作方法和通用过程模式分析社会热点问题，为服务对象提供支持与服务。

3. 思想政治教育目标

树立正确的社会工作价值观和伦理，引导学生关注国家大事、社会热点问题、弱势群体需求、平常人身边故事等，培养其正确的人生观和价值观，具有人文底蕴、科学精神、职业素养和社会责任感，了解国情社情民情，践行社会主义核心价值观。

（三）案例教学过程描述

本部分内容采用教师讲授和学生探究、汇报、讨论相结合的方式，主要设计以下三部分内容。

1. 教师导入和新授

学习了“青少年社会工作”前几章的内容之后，同学们对青少年社会工作的基本概念、价值观、伦理、职业素养和基本理论等方面有了系统的学习。接下来将学习青少年社会工作实务的具体方法与策略。教师总体讲授青少年社会工作的三大方法和通用过程模式。从采用方法的范式来看，青少年社会工作方法主要包括青少年个案工作、青少年小组工作以及青少年社区工作三个部分。而整体上，不论服务的对象是个人、家庭、群体、组织或社区，青少年社会工作都可以遵循一个通用的过程模式，涵盖了接案、预估、计划、介入和评估五大步骤。

2. 学生自主学习，探究与汇报

在课前，将同学们分为四个小组分别自行研究探讨青少年社会工作的三大工作模式和通用过程模式，并在课堂上对这四种工作模式的内涵、基本模式、主要步骤及技巧等进行详细汇报。在这个过程中，学生对青少年社会工作的实务知识与技巧会有一个更加深入的认识，为后续开展青少年社会工作的案例分析和具体实务工作奠定理论基础。

3. 案例教学

（1）案例："真心"换"网暴"——"巧克力女孩"事件

2022年3月中旬，上海师范大学因疫情开始实行闭环管理。4月初，上海师范大学研三学生陈真真拿出自己积蓄中的一大部分——5万元零8分，买了78箱近200斤的巧克力，送到了上师大徐汇校区，想给封校大半个月的校友带去一些安慰。但等待她的除了同学们的感谢，还有潮水般的质疑和嘲讽。陈真真也是一位拥有23万粉丝的视频博主，被攻击之后，她拍了几条澄清的视频，回应质疑。但更多的网民像被激怒一般涌来，包括但不限于恶意揣测她的身份、意图，没来由对她人格侮辱，甚至怂恿她自杀。这时，陈真真才意识到，她被网暴了。"我做的是好事情，我就有点理解不了，为什么会变成这个样子？"经历了20多天的割裂与混乱，这个26岁的女孩声音里只剩下疲惫，但她从没后悔做这件事。校友们给了她很大的支持，在上海这几年认识的朋友和现实中人与人的温情，也让她重获力量。她许了一个愿望：自己是最后一个被网暴的人。在事件发生之后，上海师范大学哲学与法政学院组织了抵制网络暴力主题班会和公众号为其发声。校友们给了她很大的支持，在上海这几年认识的朋友和现实中人与人的温情，也让她重获力量。

（2）讨论引导

① 网络暴力的基本概念、特征以及发生的原因是什么？

学生结合自己的日常生活体验和观察，发表对网络暴力这一概念的认识与看法。教师从理论研究的角度，引导学生更加科学化系统化地理解网络暴力，认识网络暴力有可能带来的严重后果。

② 如何看待陈真真的赠予巧克力的行为？如何看待此次网络暴力事件？

以案例为载体，为学生创设问题情境和价值判断情境，引导学生发表观点和看法。让学生在分析问题的过程中，认识问题背后所蕴含的理论思维、方法论和价值判断，激发学生的思想碰撞和情感体验，实现对学生的价值引导和思想政治教育。

③ 作为一名青少年社会工作者，该如何采用青少年社会工作的专业方法来介入此次事件？

学生分小组讨论，青少年社会工作者可以使用何种工作方法来介入此类事件；事件中的"促使改变媒介系统""服务对象系统""目标系统""综合行动系统"分别是什么；小组合作设计出具体服务过程。

（四）思政育人的课中融入

青少年社会工作是指在专业的价值观指导下，根据青少年的身心特点、动机需求、兴趣爱好，社会工作者充分运用专业的理论、方法和技巧，以帮助青少年解决问题、克服困难，恢复功能和获得全面发展的一种服务活动和服务过程。青少年的世界观和价值观尚未完全建立，需要精心引导和栽培。青少年社会工作者作为直接为青少年案主提供支持与服务的引导者，其自身的价值观念会直接影响到青少年的思想意识和行为举止，也会影响最终的服务效果。因此，培养青少年社会工作者积极正确的价值观念和职业素养，才能更好地保护青少年权益，促进青少年社会工作实务的健康发展，促进社会的公平与稳定。因此，课程具体将从以下两个方面挖掘思政元素。

1. 培养科学理性的思辨能力，实现思维创新

网络信息大爆炸的时代，为了防止各种错误思潮和言论信息对学生产生负面引导，需要培养学生用正确的立场、观点和方法甄别信息、分析信息和运用信息的能力，保持独立清醒的思考能力。课堂中鼓励学生们积极思考并讨论“巧克力女孩”网络暴力的案例，可以更好地帮助同学们理解错误立场和观点对他人造成的心理伤害，引导学生善于把握历史和时代的发展方向，把握社会的主流和支流、现象和本质，养成历史思维、辩证思维、系统思维和创新思维。

2. 树立正确的世界观人生观，实现价值引领

随着信息技术的发展与快速普及，网络已成为当代青少年学习、社交、表达、获取信息的重要空间和场所，对于他们塑造正确的世界观、人生观、价值观发挥着重要作用。因此，课程借由学生们身边人的网络暴力案例，加深他们对网络暴力行为及其后果的认识与理解，为学生构筑起牢固的思想防线。同时，作为未来面向青少年群体的社会工作专业学生，更需要树立正确的世界观人生观，提升专业素养和道德修养，做青少年成长路上的守护者和引导者。

三、课程总结

教师用层层递进、启发式教学的方式将思政元素结合课堂案例，潜移默化地引入课程教学中。这样的课程设计可以有效避免思政教育与专业教育脱节的教学问题，让深刻的思想政治教育变得水到渠成，以达到“春风化雨，润物无声”的育人效果。同时，社会热点案例的应用，既提升了学生对专业知识和技能的理解和运用能力，又树立了正确的价值观取向，提升了学生们的人文素养。

“法理学”中“法治原理”教学的课程思政融入

刘　睿*

摘要

“法治”是大学生思政教育的主要内容之一，“法理学”课程中，“法治原理”也是核心的教学内容之一。这既体现出二者的内在契合，也说明法理学教学在“法治”思政融入中具有天然的优势。但是，这种契合与优势并不意味着“法理学”中的“法治原理”教学等同于“法治”思政，不能直接用“法治原理”的专业教学代替“法治”思政的教学。法治一般原理部分的课程思政融入以“举例”“佐证”的方式开展；中国特色社会主义法治理论的教学重点在于通过法理学的专业逻辑，讲清楚相关思政内容背后的原理依据。部门法法治原理的讲授及其思政内容融入，可以成为一种新的教学设计探索。在教学方法探索

* 刘睿，上海师范大学哲学与法政学院讲师。

上，则可以从线上资源利用、翻转课堂和小组讨论等方面展开。

关键词：课程思政；法理学；法治原理；混合式教学

引　言

高校教育不仅需要重视知识的讲授、技能的培养，同时也要重视价值观的塑造，而党领导下的思想政治教育对于青少年核心价值理念、国家/民族共同体意识的养成具有重要意义。习近平总书记在全国高校思想政治工作座谈会上指出，“做好高校思想政治工作，要用好课堂教学这个主渠道，思想政治理论课要坚持在改进中加强，其他各门课都要守好一段渠、种好责任田，使各类课程与思想政治理论课同向同行，形成协同效应”。[1]这实际上就强调了在加强和改进思想政治理论课教育教学的同时，要充分发挥高校各门课程的育人功能，即“思政的课程”加“课程的思政”。[2]“课程思政”不同于“思政课程”，二者在课程内容、课程定位、课程特点方向都有明显区别，思想政治课程是大学生的必修课，是对大学生进行系统的思想政治教育，而“课程思政”则属于专业课或通识课的一部分，其中的思想政治教育内容是隐性的、融合的；当然，二者也能够优势互补，产生协同效应，增强育人合力，良好的教学设计与实施能够在思政教育实践中取得“一加一大于二”的效果。[3]

“宪法法治意识”是大学生思政教育的主要内容之一，“法治”是社会主义核心价值观的内容要素，法治教育是课程思政建设的内容重点。[*] 党的二十大也再一次强调要“坚持全面依法治国，推进法治中国建设”。可见，“法治”是课程思政的重点内容。与之对应的是，“法理学”课程中，“法治原理”也是核心的教学内容之一。这一方面体现出“法理学”甚至整个法学课程与“法治”思政教育的内在契合、协同一致，另一方面也说明包括法理学在内的法学教学在“法治”思政融入中具有天然的优势。但由此也会引发教学上的思考：这种契合与优势是否意味着“法理学”中的“法治原理”教学就等同于“法治”思政？是否可以直接用“法治原理”的专业教学代替“法治”思政的教学？

答案自然是否定的。从前文提到的“课程思政”的内涵特征、发展逻辑可以知道，“法理学”课程中的“法治原理”属于专业课程的教学，其中包括了中外古今关于“法治”的不同理论，需要对“法治”理论进行系统性的教学，而“法治”思政内容则在于新中国法治认识、理念的发展与内涵，尤其涉及中国特色社会主义道路中最新法治成果的传递。二者在“法治”这一共同概念之下，代表了两个层面的教学思路与教学内容。因此，“法理学”课程中“法治原理”的教学需要特别注重这两个层次内容的区分，同时又要将“法治”思政的内容有机地融入“法治”理论的教学中。这也对相关教学提出了一种新的挑战。本文将从教学的角度尝试探讨如何在“法理学”“法治原理”的教学中有区分、又有机结合地融入“法治”思政的内容。

---

* 2020年6月，《高等学校课程思政建设指导纲要》指出：课程思政建设内容要紧紧围绕坚定学生理想信念，以爱党、爱国、爱社会主义、爱人民、爱集体为主线，围绕政治认同、家国情怀、文化素养、宪法法治意识、道德修养等重点优化课程思政内容供给，系统进行中国特色社会主义和中国梦教育、社会主义核心价值观教育、法治教育、劳动教育、心理健康教育、中华优秀传统文化教育。

一、课程思政视角下的“法理学”“法治原理”教学

课程思政在结构上要求“立体多元”，在方法上要求“显隐结合”，[4]即要在教师讲好专业课的基础上，自然而然地融入相关的思政内容。思政内容既不能喧宾夺主，破坏专业知识的体系性、完整性，也不能毫无关联，僵硬植入。因此，本部分将首先总结梳理“法理学”课程中“法治原理”部分的教学体系，然后再具体分析从其中哪些模块、通过何种方式进行“法治”思政内容的有机融入。

（一）“法理学”“法治原理”部分的教学体系及其思政视角

整体上来说，法治原理部分一般在“法理学”课程中涉及四个课时，在教学设计上主要包括六个模块：① 法治的概念和渊源；② 法治认识的观念形态；③ 现代法治理念；④ 现代法治原则；⑤ 当代中国法治道路的选择与构设；⑥ 马克思主义法治理论中国化最新成果——习近平法治思想。

其中，①、②、③、④模块属于法治一般原理的讲授，它们是理解我国思政教育中“法治”内容的重要基础，对于这部分内容的思政融入，适合少量“穿插”、对比我国最新的关于“法治”的方针论述、政策实践，这既有助于从具体层面理解法治的一般性原理，也可以更好地说明我国的法治道路、法治理念与法治的一般原理相契合，属于人类共同法治文明的一部分。⑤、⑥模块是对我国法治认识、法治道路与最新法治实践成果的介绍，它们与相关思政内容在表达上高度重

合，但在教学中要避免照本宣科、把专业课上成思政课，而是要注重从专业角度分析背后的理论渊源、理论基础，从而在潜移默化中通过专业讲授让同学理解、接受、认同法治的思政内容。

（二）法治一般原理部分的课程思政融入

法治一般原理部分的课程思政融入以“举例”“佐证”的方式开展。例如，在“法治认识的观念形态”部分，涉及的法治原理包括三个要点：法治是规则之治；法治是法律主治；法治是良法善治。现代意义的法治虽然是西方文明的建构与表达，但是我国古代也同样有类似的表达，王安石就指出：“立善法于天下，则天下治；立善法于一国，则一国治。”同时，党的二十大所提出的“完善以宪法为核心的中国特色社会主义法律体系”的方针就突出表达了“良法善治”的理念，其中专门强调“以良法促进发展、保障善治”。由此，在讲授原理的同时，可以让同学们意识到我国传统文化中蕴含的法治理念，认识到法治并不是西方文明所独有。

此外，“现代法治理念”模块中的“限制公权力”“尊重和保障人权”等知识点，“现代法治原则”模块中的“法律统一性”“法院依法独立审判”等知识点，都会涉及相关方针理念。在对它们的基本原

拉斐尔·桑西〔意〕《雅典学院》

许艺城《先秦诸子》

教学PPT配图：《雅典学院》与《先秦诸子》

理进行讲授的过程中，都可以通过列举重要政策文件表述（例如党的二十大报告）、典型法治案例、古代名言警句等方式提示课程思政内容。

（三）中国特色社会主义法治原理的专业教学与思政融入

中国特色社会主义法治理论的教学重点在于通过法理学的专业逻辑，讲清楚相关内容背后的原理依据，由此可以让同学们深刻理解其中涉及的思政内容，从而避免把专业课上成“思政课”。其中，第一个模块“当代中国法治道路的选择与构设”的教学要重点是给同学们讲清楚新中国法治发展暗含的理论线索，包括：①从法制到法治；②从“法律体系”到“法治体系”；③从“依法治国”到“全面依法治国”。第二个模块“马克思主义法治理论中国化最新成果——习近平法治思想”的教学重点则在于对习近平法治思想内容体系的讲授，从“十一个坚持”的体系阐述其内在逻辑关联。

通过对理论线索、理论体系的把握，同学们就可以对其中包含的历史事件、政策表达有一种专业角度的理解，而不是把它们变成一种简单的思政材料。反过来，以专业的角度讲解与思政课程材料相同的内容，可以很自然地强化同学们对相关思政理念的掌握。

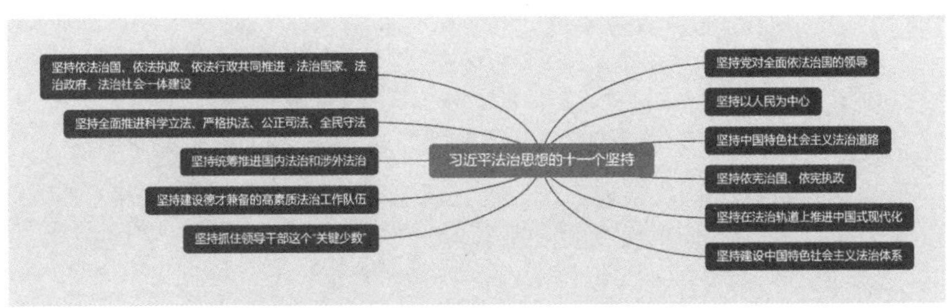

教学PPT：习近平法治思想体系思维导图

二、部门法的法治原则及其思政视角——以社会法为例

笔者认为，法理学教学如果能够涉及部门法理学的内容，则更有利于学生理解法学理论的相关抽象原理，也有利于法理学与部门法学的结合。本部分将讨论部门法的法治原理讲授，这部分内容既可以作为“法理学”“法治原理”部分的一个模块，也可以作为相关部门法相应内容的一个模块。如果作为“法理学”的课程模块，由于课时的限制，具体讲授只能选取一个部门法作为示例进行讲授。而具体选择哪个部门法，则相对灵活，主要取决于当前我国法治建设的重点或热点，这样更有利于同学在最新的视野下理解法治的原理，也更有利于教师选取最新的材料融入课程思政内容。本部分将以“社会法”法治原则的讲授为例，来说明这一点。

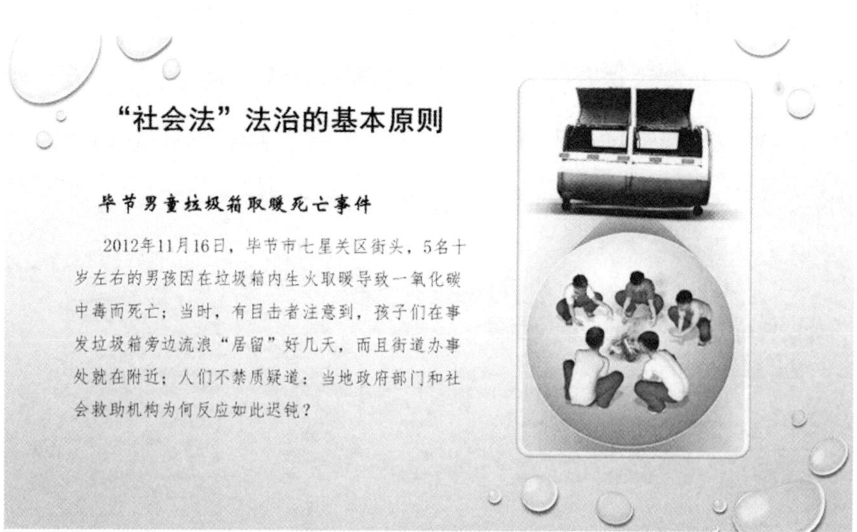

教学PPT：“社会法”法治的基本原则——案例导入

根据党的二十大报告，从十八大以来，党和国家“深入贯彻以人民为中心的发展思想，在幼有所育、学有所教、劳有所得、病有所医、老有所养、住有所居、弱有所扶上持续用力，人民生活全方位改善”。当然，报告也指出群众仍然“在就业、教育、医疗、托育、养老、住房等方面面临不少难题”。这既说明了党和国家高度重视并积极推进社会民生、劳动就业、社会保障等方面的发展，也指出了我国相关领域建设仍是进行时而非完成时。由此，教师可以在讲授中引入社会法在我国当前国家建设、社会发展中的重要意义，并介绍社会法治的基本要求。

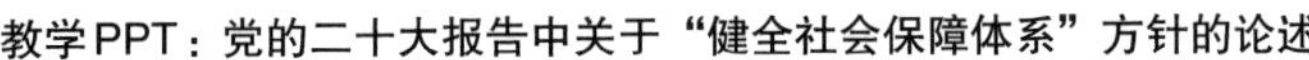
教学PPT：党的二十大报告中关于“健全社会保障体系”方针的论述

具体来说，“社会法”的法治原则包括三方面内容：倾斜保护原则；基准法优位原则；国家责任原则。它们都分别体现了相应的法治原理，也会涉及相应的思政内容。首先，因为传统私法注重形式公平与起点公平，而忽略了实质公平与过程、结果公平，所以，社会法治中的倾斜保护原则专门强调对社会弱者的特别关注与特殊保护。对此，党的二十大报告中就特别指出，要“保障妇女儿童合法权益。完善残疾人社会保障制度和关爱服务体系，促进残疾人事业全面发展”。其次，作为“第三法域”的社会法，是运用公法的法定和强制手段，明确处于相对弱势一方主体的基准（标准、底线）权利，严格相对强势一方主体的基准义务，对这个基准当事人只能遵从，不能放弃也不能变更契约（合同），而在这个基准之上才可以由当事人进行约定，实行平等协商的私法原则。[5] 梳理最近几年我国关于工时、工资、职业安全健康等方面的基准法律制度，以及社会保障法律规范中对公民生存发展权利保障的基准规定，都可以让同学们更加直观地了解到社会法治的理念，培养其法治认识和意识。最后，党的二十大报告专门强调：在未来五年全面建设社会主义现代化国家的开局起步阶段，主要目标任务之一就是“居民收入增长和经济增长基本同步，劳动报酬提高与劳动生产率提高基本同步，基本公共服务均等化水平明显提升，多层次社会保障体系更加健全”。这意味着，在党的领导下，国家政府将在社会法领域承担更为积极、重要的职责。实际上，国家社

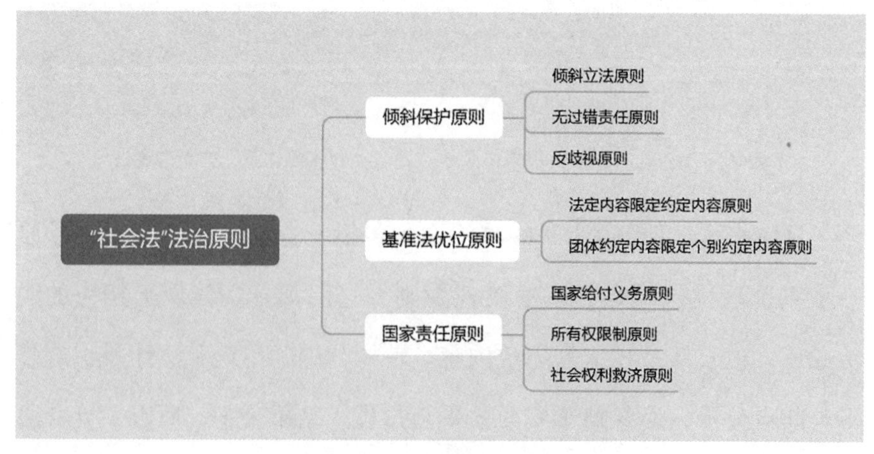

教学PPT：“社会法”法治原则思维导图

会义务的积极作为也是实现社会法治的必要条件，社会法治中积极国家观的形成，就表达出国家责任原则的意涵。

三、混合式教学方法与“法治原理”的课程思政融入

课程思政的有效实施需要专业课的主动性作为其“源动力”，[6]而其中就离不开教学方法上的探索与创新。一方面，创新教学方法能够更好地实现良好教学效果，尤其是能够通过教学方法创新有机结合专业课教学与课程思政融入；另一方面，“法理学”教学安排中每个部分的学时是固定的，课程思政内容的融入需要调整相关的教学设计与教学安排，而这必然需要教学方法改进的配合。本部分将从线上资源利用、翻转课堂和小组讨论三个方面探索法治原理讲授中课程思政融合的混合式教学方法；它们分别表现为线上资源与课本材料的“混合”，线上课程学习与线下教学的“混合”，老师讲授与学生表达的“混合”。*

（一）线上资源利用

法治原理教学中课程思政的学习材料不仅仅依靠相关的教材，实

* 狭义的“混合式教学”是指“网络线上与线下的混合，通过引进面对面教学来改进E-Learning的不足。”广义的“混合式教学”则包括：“① 教学形式上：传统面对面教学与网络教学的结合；② 教学技术上：基于Web技术，结合视频、音频、文本、图形、动画等多种多媒体技术；③ 教学手段上：传统教学手段与信息技术手段的结合；④ 教学目标上：充分发挥教师的主导作用与学生的主体地位，以达到最佳的教学效果；⑤ 教学评价上：过程评价、结果评价等多种评价方式的结合。”（参见张其亮、王爱春：《基于“翻转课堂”的新型混合式教学模式研究》，载《现代教育技术》2014年第4期。）本文采用的是广义的“混合式教学”内涵。

际上还可以充分利用线上资源，例如“学习强国”平台中不断更新的法治相关文章。通过让同学们课前预读、课中讨论、课后复习的途径，将线上资源作为老师教学的辅助和补充。课前预读可以让同学们对相关内容有一个整体的把握，发现自己的疑问与困惑，形成自己的看法；而在课程中，它们还可以作为同学们小组讨论的素材；课后，一些对课堂内容感兴趣的同学还可以把这些文章当作课后延伸阅读的文献。

“学习强国”平台上关于“法治”思政的资源

（二）翻转课堂教学

严格来说，翻转课堂在形式上也表现为对线上资源的利用，但有所不同的是，翻转课堂更加强调“教–学”翻转的教学理念与方法。翻转课堂也称颠倒课堂，通过对知识传授和知识内化的颠倒安排，改变了传统教学中的师生角色。传统教学中知识传授通过教师在课堂中的讲授来完成，知识内化则需要学生在课后通过作

“慕课”平台上的相关教学资源

业、操作、实践等完成；而翻转课堂教学，则是强调知识传授通过信息技术的辅助在课外完成，知识内化则在课堂中经老师的帮助与同学的协助而完成，颠倒了老师教学与学生内化学习的先后顺序与主次定位。[7] 在具体教学实践中，我们可以利用“慕课”平台上关于习近平“全面依法治国”理念的教学视频，包括：(1)《全面依法治国新征程》，(2)《习近平新时代中国特色社会主义思想概论》的第五章第三节“关于全面依法治国”，具体给同学们提前指定学习内容，让同学们提前学习相关知识，而在课堂上则可以对重点难点进行提示，引导同学讨论，回答同学问题，有针对性地解决课程思政中的学习需求，避免照本宣科、平铺直叙、单方面输出。

（三）小组讨论

通过“学习强国”“慕课”平台等线上教学资源的运用，以及翻转课堂的教育理念，老师的课堂讲授内容会减少，这一方面是为了不挤占专业课的教学时间，另一方面也可以采取小组讨论的形式，让学生充分表达自己学习相关“法治”思政内容的感受、想法与评价。这既有利于学生之间的互动交流，提高课堂的积极性，也有利于老师在“巡视”、参与小组讨论的过程中，发现学生们对于相关课程思政的真实想法和真正需求，从而帮助老师抓住课程思政的重点难点，改进自己的教学。

结　　语

"长期以来，高校思想政治教育存在'孤岛'困境，思政教育与专业教学'两张皮'现象未能根本改变。"[8] 本文分别从教学内容与教学方法两个方面探讨了《法理学》"法治原理"教学中的课程思政融入问题。具体来说，法治一般原理部分的课程思政融入可以通过"举例""佐证"的方式开展；中国特色社会主义法治理论的教学重点则在于通过法理学的专业逻辑，讲清楚思政材料背后的原理依据。同时，笔者还提出可以尝试加入部门法法治原理的模块，既可以有效衔接法理学与部门法的教学，也可以通过我国部门法领域的具体法治实践，让同学们更直观、更深入地理解相关法治原理以及"法治"思政内容。而混合式教学方法的运用则可以更高效地利用课堂时间，更有效地实现专业讲授与课堂思政有机结合的教学效果。当然，法治原理讲授中"法治"思政的融入问题具有一定的特殊性，即两者在内容材料上有重合部分，但两者并不能互相取代，因为它们在教学上有各自不同的定位与取向。本文的研究也正好说明了这一点，并且也展示了一种面对此类问题时可以采用的教学方案、教学思路。

参考文献

[1] 习近平在全国高校思想政治工作会议上强调：把思想政治工作贯穿教育教学全过程开创

我国高等教育事业发展新局面［N］.人民日报，2016.12.9.

［2］参见何红娟."思政课程"到"课程思政"发展的内在逻辑及建构策略［J］.思想政治教育研究，2017（5）.

［3］参见石书臣.正确把握"课程思政"与思政课程的关系［J］.思想理论教育，2018（11）.

［4］参见王学俭，石岩.新时代课程思政的内涵、特点、难点及应对策略［J］.新疆师范大学学报（哲学社会科学版），2020（2）.

［5］参见余少祥.社会法总论［M］.社会科学文献出版社，2019: 138.

［6］参见陆道坤.课程思政推行中若干核心问题及解决思路——基于专业课程思政的探讨［J］.思想理论教育，2018（3）.

［7］参见张金磊等.翻转课堂教学模式研究［J］.远程教育杂志，2012（4）.

［8］高德毅，宗爱东.从思政课程到课程思政：从战略高度构建高校思想政治教育课程体系［J］.中国高等教育，2017（1）.

绩效管理教学中的课程思政嵌入

——党组织在提升组织周边绩效中的作用

刘晓春*

摘要

在绩效管理的课程思政开发中，以周边绩效理论为点挖掘思政元素，联系到党组织在人力资源管理、绩效管理中的作用，并精选教学案例等素材，将思政理念融入课程中，采用多种教学方式进行授课引发同学的思考，达到“润物细无声”的思政教育效果。

关键词：课程思政；绩效管理；党组织；周边绩效

党的二十大报告指出：培养什么人、怎样培养人、为谁培养人是教育的根本问题。育人的根本在于立德，全面贯彻党的教育方针，落实立德树人根本任务，培养德智体美劳全面发展的社会主义建设者和接班人是教师的职责。2019年，中共中央办公厅、国务院办公厅

* 刘晓春，上海师范大学哲学与法政学院人力资源管理系讲师。

印发了《关于深化新时代学校思想政治理论课改革创新的若干意见》，指出要建成一批课程思政示范高校、示范课程、教学团队和高效教学研究示范中心。如何在专业课程中充分挖掘课程思政元素、在教学过程中有效地融入思想政治教育、培养德才兼备的新时代人才、落实立德树人的根本任务，已经成为高校各类专业课程建设的重点和高校专业课程授课的关键，同时也是目前高等教育界关注的焦点。

一、课程思政的教学目标

课程思政就是指在高校的非思政类专业课程教学中，融入积极健康的思想观念、爱国爱民的家国情怀、党的政治认同、高尚的道德修养、坚定的职业操守和优良的素质素养等思想政治教育。专业课程的教学不仅要授予学生专业技术知识，同时也必须以课程思政为抓手，引导高校学子树立正确的人生观、价值观和世界观；培养爱国主义情怀、爱党情怀，增强制度自信和文化自信，坚定理想信念，增强当代大学生的使命担当，使学生兼具较高的专业素养、政治素养和文化素养。

“绩效管理”是人力资源管理专业的一门主干课程，是人力资源管理实践的重要组成部分，也是企业管理的重要组成部分。系统、科学的绩效管理制度能为企业落实组织的战略目标、有效分配工作任务、优化工作流程、提升生产效率、设计合理的激励报酬体系，为员工能力进行开发和开展教育培训提供可靠的依据，并对实现员工个人目标与组织目标的统一发挥重要作用。本门课程的教学旨在通过全面介绍绩效管理的相关内容，使学习者理解绩效管理对于组织人力资源管理的重要意义，掌握绩效考评的相关理论和方法。以往课程教学中注重使学生能够了解管理学、经济学及人力资源管理等方面的基本理论知识，掌握绩效管理方法与技能方面的基本操作，但由于相关理论和知识体系来自西方社会的管理体系，对于学生社会主义价值观的培养有所忽视。在深刻理解党的二十大教育方针以及国家关于思政课程要求的基础上，需要在绩效管理教学的过程中加强对课程思政元素的挖掘，引导学生了解在党组织的领导和党务工作指导下，提升组织绩效管理的积极意义，激发学生的爱党爱国情怀，引导学生学好理论知识和职业技能的同时，帮助学生树立正确的人生观、价值观和世界观。课程章节相匹配的思政元素融于课程教学之中，让学生不是生硬地接受课程思政的教育，而是在潜移默化中体会体验。

二、关于党组织作用和绩效管理理论相结合的思考

课程思政是在不破坏原有学科教育完整培养体系的基础上融入思政元素，是在原有培养体系和学科知识结构中发掘和强化思政元素的一种创新教学模式，它要求将思政内容完全融入专业学科的教育当中，达到“润物细无声”的效果。因此，思政融入人力资源管理专业课程教学，有必要创新教学模式，重新设计教学方案和课程方案，而不是固守原有教学模式和教学方案。这就需要任教教师在扎实的政治学习和研究的基础上，深入思考两者的联系点，并有高度的政治和专业敏感度挖掘和发现案例，再将这些内容转化为课堂素材，嵌入到教学当中。

（一）周边绩效理论。1993年伯尔曼（Borman）和穆特威德鲁

（Motowidlo）提出绩效二维模型，将绩效区分为任务绩效与周边绩效两部分。任务绩效是指与工作产出直接相关的，能够直接对其工作结果进行评价的这部分绩效指标；是与具体职务的工作内容密切相关的，同时也和个体的能力、完成任务的熟练程度和工作知识密切相关的绩效。任务绩效是相对一个人所担当的工作而言的，即按照其工作性质，员工完成工作的结果或履行职务的结果。换句话说，任务绩效就是岗位的任务分配与职责的履行密切相关。周边绩效是指那些自发的、不与岗位职责、特定任务或组织目标直接相关的，但能促进组织气氛、社会关系和心理环境的行为。周边绩效对组织的技术核心没有直接贡献，但它却构成了组织的社会、心理背景，能够促进组织内的沟通，对人际或部门沟通起润滑作用。周边绩效可以营造良好的组织氛围，对工作任务的完成有促进和催化作用，有利于员工任务绩效的完成以及整个团队和组织绩效的提高。这类行为同样对组织有益，可以为特定任务提供广泛的、组织的、社会的和心理的环境，间接地促进工作任务和组织目标的实现。

（二）党组织在人力资源和绩效管理中的作用。在我国，国有企业、民营企业都有党组织的存在，即便是外资企业也有党组织的存在，新形势下党组织在组织的运营发展中发挥着重要的作用。在人力资源管理领域，党组织工作和人力资源管理工作有机融合，将会助力企业更加健康稳定发展，共同促进企业绩效目标的实现和社会和谐。两者的融合在组织中的作用体现在以下几个方面：第一，党组织是企业发展的政治灵魂和独特政治资源，在经营过程中，将党组织工作与人力资源管理工作有机结合，不仅能为企业找到正确发展路径，带领员工完成组织的绩效目标，而且能丰富人力资源管理工作的方式内容；第二，以党组织引领的思想建设为抓手，在新老员工培训过程中宣贯企业文化价值观、加强思想政治教育，通过这种“双重”培训模式，能够让员工在了解企业的文化背景、价值观基础上，提升员工的思想政治觉悟，发挥员工主观能动性，进而提高企业的经营效率，也能够更好、更快地提升企业发展质量，更好地提升企业的向心力；第三，通过党组织引领的人力资源工作，帮助企业塑造优秀的企业文化，能够规范企业的道德准则，在先进思想鼓舞下不断发展，培养员工养成正确的价值观；第四，党员在工作中表现的先锋模范作用，在组织的转型、困难时期能够发挥标杆作用，带动员工的工作积极性，攻坚克难，为企业发展提供强大的核心竞争力。

（三）两个理论的结合思考。在组织的绩效管理中，重视周边绩效的意义，更清晰地认识周边绩效的相关行为，通过党组织的作用，积极促进这些周边绩效有益行为在组织运行中频繁地出现。这些行为包括：第一，主动地执行不属于本职工作的任务，持续保持工作的热情，为了确保高质量地完成自己的工作，宁愿支付额外的努力、主动加班等；第二，在工作时表现出超常的工作热情，自愿承担本职工作之外的一些工作任务和活动；第三，热情帮助同事和顾客，愿意与他们合作；第四，坚持严格执行组织的规章制度工作程序，敢于和不良行为作斗争；第五，认可、支持以及维护组织的目标，积极应对逆境和挑战。

要发挥党组织的优势，积极攻坚创新，引导员工焕发活力，打造高绩效组织。党组织可以通过以下形式带动企业全员发挥周边绩效。第一，将党组织的政治核心作用充分发挥出来。通过党组织的凝心聚力，把组织的战略目标和国家的发展大局联系起来，把个人的工作目标和对组织的担当以及社会主义建设联系起来，增强员工的国家主人翁责任感，增强个人目标和组织目标结合的一致性。第二，利用党组织工作的优势，积极攻坚创新，引导员工焕发活力，将人力资源盘活。在工作中不仅仅完成任务绩效目标，还要激发积极的工作热情和奋斗精神，达成优秀的周边绩效。第三，开展党员先锋队活动，创先争优激发员工动力，利用党员示范岗的模范带头作用，促进员工和管理人员生产效率的提高。第四，通过党组织的政治核心作用，做好员工沟通和协调工作，创建团结和谐的工作氛围，引导基层更好地发展。第五，通过党组织的领导，发挥艰苦奋斗的精神和改革开放中体现的创新精神，积极投入到有挑战性的工作中去，不惧困境，不怕挑战，勇于创新。

三、课程思政的教学设计

（一）课程素材收集

课程思政元素和素材是课程思政教学的核心环节。思政教学素材选择的优劣与教学效果息息相关，通过参考不同版本的《绩效管理》教材、“学习强国”平台的内容、文献杂志、各网络平台、慕课平台等资源和渠道，选取具有思政教育意义的课题材料、新闻时事、社会热点、文献材料等资料，提取案例、图片和视频资料，作为课程思政素材辅助教学。选取企业事例为案例，内容和理论结合以引起学生兴趣，从而引发学生的思考与感悟。

（二）寻找切入点，深度挖掘思政亮点

绩效管理课程在授课中，注意教学策略的制定。根据教学具体知

识点和内容，在讲解基本的课程理论基础上，寻找案例与理论知识相关的切入点，对案例进行深入分析，引入相关思政元素，让学生能自然接受，而不是被动灌输。

例如，在本课程的具体实施中，先讲解任务绩效和周边绩效的理论，然后带领学生观看了《美国工厂》这部纪录片，该片是一部获奥斯卡奖的纪录片，虽然是国外拍摄的，但整个故事是围绕一家中国著名的企业——福耀玻璃在美国投资建厂的过程展开，该片记录了工厂从一开始面临诸多问题到实现盈利的过程。在授课中主要挖掘了两个思政点。第一，带领同学们认识到我国制造业的强大，增强同学们的国家自豪感。福耀玻璃的创始人作为我国优秀企业家到发达的美国开厂、做老板，充分显示出中国改革开放以来国家的高度发展、实力的增强、我国民族企业的优秀、我国企业家的优秀。第二，通过工厂在中美两地的对比，凸显出党组织在企业内部的文化建设、凝心聚力的强大作用，中方员工的优秀周边绩效输出最终使企业步入良性的发展轨道。福耀玻璃在中美两地均有工厂，但组织绩效差别极大，美方员工懒懒散散、自由主义、工作不努力、制造很多问题。而中国的企业有党委的存在，有积极的企业文化，员工朝气蓬勃，有高度的企业荣誉感、使命感，在工作中体现出高度的纪律性和工作效率。外派到美国工厂的中国员工克服语言、文化差异带来的困难，肩负着国家荣誉和企业发展的使命，勇于奉献，不计较个人得失，积极应对各种难题，终究使在美企业也进入良性发展的轨道。同时，优秀的企业文化、大家庭的温馨氛围、高效的工作流程、军事化班组的纪律性深深打动并震撼了到福建福耀玻璃总厂参观的美国管理人员。

该案例奥斯卡获奖片的背景引发了学生极大的兴趣，片中中美员工的表现形成的巨大反差一目了然，令学生印象深刻。中方员工的周边绩效表现生动地展示在学生的面前，使得学生对周边绩效的概念有了深刻的理解。随后教师会带动学生思考优秀周边绩效的产生的原因，提炼视频中党组织发挥作用的元素，通过讲解和讨论引发学生的爱党爱国的情怀。

（三）教学方法

在课上，在任课老师的引导下采用了多元化的教学方法，包括讲授教学法、讨论教学法、案例教学法、探究教学法、课堂发言、小组讨论等等。尤其是在教学中教师在讲清楚理论的基础上，通过案例的研习、小组讨论，提出问题，激发学生自己的发现和思考。根据课程教学内容和学生发言情况，教师进行总结，正向引导，立德树人，使“课程思政”“如盐入味”。教学中，教师也有意让党员同学发言，让他们谈谈党组织的凝心聚力的作用，以他们的发言影响到其他同学。

在课下，通过适当的案例分析作业、小组研讨等方式，让同学进一步巩固所需的理论知识，强化对思政课程点的认识。例如，在本课程中，教师布置了华为绩效管理案例分析的作业，该案例中提到华为的政委体系是该组织的一大特色，在组织绩效管理中起到非常大的作用。以此案例内容让学生进一步思考党组织在企业运营中思想引领的巨大作用。除此之外，还可以给学生布置调研作业，通过问卷访谈等调研方式了解现实企业的绩效管理状况，以及党组织在其中发挥的作用，让学生知行合一，真正自主投入思政学习中。

四、总　　结

作为大学教师，我们始终坚持听党话、跟党走，赓续红色血脉、矢志教育报国，为建设让党放心、让人民满意的教育事业奋力拼搏。新时代新征程对高等教育事业发展提出一系列新要求，我们要按照习近平总书记嘱托，深刻领悟党的二十大关于党和国家事业发展大政方针和战略部署的历史逻辑、理论逻辑、实践逻辑，在全面学习、全面把握、全面落实党的二十大精神上下足功夫，在普通的教学岗位上创新教学，培养高素质的社会主义建设者。

在绩效管理的课程思政教学中，要对思政点有敏感性，努力发掘课程内容和思政点的融合性，精心选取我国优秀企业案例、社会热点、新闻时事作为教学素材，在讲解专业知识点的时候，寻找最佳切入点切入与章节知识点相关的思政案例，不断创新、改进教学形式，不断增强思想政治教育的亲和力、感染力和可接受性。通过案例导入、话题讨论、观点阐释、总结反思的方式引发学生的思考，实现专业知识与思政教育的有机融合，帮助学生在专业知识的学习过程中接受思政熏陶，通过思政育人、教学相长，实现“德法兼修”的思政目标。

参考文献

[1] 张向南.国有企业党建工作与人力资源工作相融合的路径探析，http: //www. jlun. net/bencandy/view. html?id=7510&fid=19.

[2] 周艳红.如何将人力资源与党建工作有效结合［J］.基层建设，2019（19）.

[3] 丁克．“课程思政”在《经济法》课程中的思政框架构建与教学融入［J］.经济师，2022

(7)：186-188.
[4] 翟小亮.新时期国企党建工作与人力资源工作的有效融合［J］.经济学，2020，3（3）：51-52.
[5] 宋薇.立德树人视角的高校课程思政建设［J］.经济师，2022（7）：155-157.
[6] 常真机."课程思政"视域高校财务管理专业规范化教改研究［J］.教务教学标准化，2022（7）：171-173.
[7] 王世平，赵春燕.立德树人理念下国际贸易理论与实务课程思政建设路径研究［J］.高教学刊，2022（21）：184-188.

德法兼修语境下高校的权利教育*

石文龙**

摘要

法律是建立在道德基础之上的规则体系与行为规范，就权利规范而言，任何权利规范的背后都会存在着深刻的价值基础与伦理属性。在权利教学中，拓展权利的价值基础与伦理属性具有非常重要的现实意义。在德法兼修语境下，需要注意权利知识的整合性与体系化，例如在强调权利保障的同时不能忽视对权利的限制以及权利与义务、责任之间的关系等。权利教学价值方面具有多元性，教学方法具有灵活性与多样性。高校权利教育具有多方面可资利用的课程与资源。在权利教学领域，需要借鉴中外权利教育的经验，形成权利教学的经验与方法。同时，教学者也需要结合自身阅历与特点形成自己权利教学的风格。

---

* 基金项目：上海市哲学社会科学规划办公室规划课题《法伦理学基础理论研究》（项目编号：2019BZX007）。

** 石文龙，上海师范大学哲学与法政学院教授、法学博士、英国牛津大学访问学者。研究方向：宪法学、法理学、当代中国法制建设研究。

关键词：德法兼修；高校；权利教育

法律是建立在道德基础之上的规则体系与行为规范，就法律中的权利规范而言，任何权利规范的背后都会存在着深刻的价值基础与伦理属性。在权利教学中，拓展权利的价值基础与伦理属性具有非常重要的现实意义。权利是法学的核心范畴，高质量的权利教学也是推进人权事业向前发展的重要保证。信息化时代，权利理论与知识面临着多方面的冲击，使得权利知识同样面临着“支离破碎”的状况，因此，在权利教学领域更需强调与落实德法兼修。

一、信息化时代，权利教育需要强调整合性与体系化

在教学内容方面，当前对法学教学内容的最大挑战是对法学支离破碎的理解。在当今社会，权利知识同样面临着信息时代的冲击，加之社会的急剧转型促成了权利知识的碎片化，也就是所谓“将完整的东西破成诸多零块”，而人们仅仅以零块作为唯一的真理。因此要以系统的、全面的权利理论对抗碎片化的、片面的权利知识，才能取得人权教育的实效。当前在权利领域，信息化的冲击表现在如下几个方面：

（一）忽视“他者的权利”，在权利种类上具有“单一性”

在社会现实中，表现为单方面地学习与主张“我的权利”，忽略了“你的权利”与“他的权利”。所谓“你的权利”，我们可以称之为

相对人或者相对方的权利；"他的权利"，我们可以称之为不在场的其他人的权利。为了简单起见，我们在这里将"你的权利"与"他的权利"统称为"他者的权利"。

在现实生活中，忽视了"他者权利"的权利教学是有害的教育。马克思认为："人的本质在于人的社会性"，作为社会的人，不可能仅仅只是看到自己的权利，而忽略了别人的权利，他者的权利，例如在公共场所不能大声喧哗，很多国家甚至出台了不能在公共场所抽烟的规定。在我国，2010年3月1日《上海市公共场所控制吸烟条例》正式实施，这是我国第一部由省级人大颁布的控烟法规。因此，在公共场所，如果你认为我有说话的自由，我有行动的自由，包括抽烟的自由，就会损害了别人的自由。

（二）忽视权利本身存在着权利限制及其反限制两方面的特性

绝大多数权利都是相对的权利，人权的行使存在着合法的限制及其反限制。不了解权利的限制理论与制度，则对权利的把握是不准确的；同时对权利的限制本身存在着反限制，即对权利的限制必须合理。权利的限制也层次体现着对人类的爱，例如"禁止未成年人入网吧"、"禁止卖身为奴"等禁止性规定。现代社会很多法律都在授予权利的时候同时列出了限制性的条款，如我国宪法第四十条规定："中华人民共和国公民的通信自由和通信秘密受法律的保护。除因国家安全或者追查刑事犯罪的需要，由公安机关或者检察机关依照法律规定的程序对通信进行检查外，任何组织或者个人不得以任何理由侵犯公民的通信自由和通信秘密。"根据该条规定，公安机关或者检察机关因国家安全或者追查刑事犯罪的需要，依照法律规定的程序可以对通信进行检查，这就是对公民的通信自由和通信秘密的合法限制。另一方面，对权利的限制必须合理，在宪法第40条中，就需要明确什么是“国家安全”？其界限在哪里？什么才是“追查刑事犯罪的需要”，其标准是什么？不能因为“国家安全”或者“追查刑事犯罪的需要”，限制了公民在通信自由和通信秘密中所享有的实际权利。对此，《世界人权宣言》第29条第2、第3款规定：“人人在行使他的权利和自由时，只受法律所确定的限制，确定此种限制的唯一目的在于保证对旁人的权利和自由给予应有的承认和尊重，并在一个民主的社会中适应道德、公共秩序和普遍福利的正当需要”，“这些权利和自由的行使，无论在任何情形下均不得违背联合国的宗旨和原则”。

（三）权利与义务、责任的相互脱节

权利和义务是对立统一的关系，人权的实现离不开相应的责任。马克思认为：“没有无义务的权利，也没有无权利的义务。”脱离开人的义务、人的社会责任去谈人权也是十分有害的。在家庭关系中，未成年的孩子有享受父母抚养和教育的权利，父母对他有抚养和教育的义务；一个人年老的时候，有享受子女赡养和关爱的权利，子女对他有赡养和关爱的义务。我国宪法第33条第4款规定：“任何公民享有宪法和法律规定的权利，同时必须履行宪法和法律规定的义务。”也可以说是权利限制条款，该条款要求在享有权利的同时必须履行义务，强调权利与义务的统一性。

我们注意到即使是《世界人权宣言》的第1—28条主文尽是宣告性的权利，没有相应的限制性的规定。但是，我们在权利教学与人权

教育等实际教学中需要有意识地介绍相关知识。故此，《世界人权宣言》第29条第1款规定："人人对社会负有义务，因为只有在社会中他的个性才可能得到自由和充分的发展。"

二、权利教学在价值方面的多元与整合

事实上，权利教学具有多种功能与不同的面向，在权利教学过程中，可以采取一种或者多种功能予以加强权利教学的有效性。

（一）作为具有公民教育性质的权利教育

权利教育的核心内容为作为国家的每一个个体，所具有什么样法律上明确宣告的权利，在国际社会这被称为"赋权性的人权教育"[1]，这对于培养现代公民树立现代公民意识与公民精神均具有重要的意义。在我国作为公民教育性质的权利教学具有重要意义，尤其是对纠正当今社会存在的"官本位"观念具有重要价值。通过公民权利的培养，努力塑造堂堂正正的中国公民形象，这是相当不简单的教育过程。台湾地区洪如玉学者认为："民主与公民教育的人权教育所涉及的一个相当重要的领域，民主与公民素养（或称为公民素质）是现代教育的重要目标，也是人权保障的基础之一，缺乏民主价值与公民素养的社会，也难以体认人权的重要，遑论尊重与保障人权。"[2]

（二）作为具有道德修养性质的权利教育

通过权利教学一方面可以提升自己作为国家主体的自豪感与个人的人格尊严，同时也明确指出其他人统一具有这方面的相应权利。并

且在权利教学中，通过尊重“他者的权利”，尊重其他个体的权利与人格尊严，以养成尊重他人、相互尊重人的尊严具有重要意义。

（三）作为政治参与的权利教育

人权中本身就包含了很多政治性的权利，如选举权与被选举权等。而且人权与权利的区别就表现为人权更多地表现为对国家权力的监督与制约。对此，党的十七大报告指出，“人民民主是社会主义的生命”，“人民当家作主是社会主义民主政治的本质和核心”。因此，十七大报告中强调要“扩大人民民主，保证人民当家作主”。“保障人民的知情权、参与权、表达权、监督权”，是丰富民主形式、拓宽民主渠道的具体体现。

（四）作为和平教育的国际法视野的权利教育

注重作为和平教育的人权教育同样是国际社会所关注的内容之一，国际社会有和平文化教育的内容，“和平教育也是与人权教育重叠性相当高的一个教育领域，但和平教育的推动也包含了另一个重要面向—非暴力或拒绝暴力。虽然‘和平’、‘反暴力’也是人权教育的重要目标，但不同于人权教育非常强调追求每个人人权的保障与不受侵犯，和平教育着重建构和平与和谐的人类社群”。

（五）对国家机关工作人员的权利教育

“国家尊重与保障人权”，因此，对国家机关以及国家机关工作人员的人权教育，特别是特定行政人员、执法人员的公民教育，需要强调对于公民权利的尊重，因为公民权利是政府权力的基础。当前以尊重公民权利为重要内容的，针对特定行政人员、执法人员的公民教育具有重要现实意义。在该类人权教育中，需要努力树立三个方面的“两点论”：第一，在工作实践中，注意维稳与维权两者的统一；第二，在权利的限制中包括了合法限制与合理限制两个方面的问题，对权利的限制不仅要合法还要合理；第三，注意权利保护的一般时期与特别时期。一般时期的权利保护不同于特别时期的权利保护，例如平时与战时。当前需要强调在紧急状态时期、突发公共安全时期的人权保障。

三、高校权利教育的多个可资利用的课程与资源

（一）现有的平台《思想道德与法律基础》的有效运用

目前“思想道德与法律基础”在高校属于全校性的选修课，各个高校的隶属情况不同，但大多数一般隶属于马克思主义学院。事实上，权利教育可以穿插在“思想道德与法律基础”的始终。因为尊重他者的权利也是重要的道德修养之一。当前存在的情况是具有伦理学、哲学背景的教师在教学中注重讲授道德，具有法律背景的老师注重讲法律，但是共同遗漏的是关于权利教育的道德内容，因为无论是在道德建设还是法治建设的教育中，均可以大面积地涉及权利或者辅之以对他人权利的尊重的内容等，而这也是德法兼修的重要内容。

（二）政治学学科中的权利教育的开发

政治学本科生与研究生课程中，在讲授公民文化、公民权利建设以及政治参与等内容时必然涉及相关的权利教育，在该部分可以插入

权利教育的内容也会十分自然，常常会有较好的效果。而且，权利、权力本身就是政治学的重要内容之一。

（三）法学院的权利教育的开发

人权，特别是权利制度是法学的重要内容之一，在这里同样可以大面积地讲授权利的内容。在这方面，我国目前的本科教育中，已开设的课程集中在“国际人权法”、“宪法学”中，部分学校开设了“人权法学”。在研究生教育中，有些高校已经开设了“人权法专业硕士”，这对扩大人权法的有效性教育具有重要意义。

（四）国家层面的整体推进

上述资源相对于我国的权利教育现实需要而言显然是远远不够的，需要在国家层面强调政府对人权教育与权利教育的整体推进，在这方面已有学者提出：“国际组织、非政府组织、国家、地方团体、家庭、学校、社区、国民等都在人权教育中有自己独特的不可替代的位置，而国家则是促进人权教育的主要责任承担者”[3]等观点。目前，我国通过二批国家人权教育与培训基地建设，已经建了八个国家人权教育培训基地。这样的基地需要进一步建设。

四、借鉴中外人权教育的经验，形成权利教学的经验与方法

权利教育由来已久，特别是人权教育。一般认为“人权”一词来自于西方，来自自然权利论，“二战”之后人权由一国国内法转变为

国际法。因此，一般认为我国没有“人权”的传统，即使是在新中国的改革开放时期，“人权”仍然一度被认为是“资产阶级的口号”。1979年《北京日报》以“人权是资产阶级口号”为题批判人权。因此，人权在中国同样具有相遇、冲突与相融的阶段性发展问题，包括在人权的内容上，“长久以来，西方政治思想史上存在着一种观念，即不问其在社会上的地位和贡献，只要他是个人，就具有某些不可剥夺的权利。斯多葛学派、罗马法和基督教就是根基于此的。不论它们的理论基础如何，西方的人权传统主张大体体现了这样一种思想，即基本人权理当是先于政府而存在的，而且政府应该尊重最新基本人权”[4]。而在社会主义国家，包括我国强调的是集体人权。在西方国家早已经将这个时代看成是“人权的时代”，所谓“这是一个权利的时代。人权是时代最强的政治音符，最引人注目的世界性语音，是唯一得到普遍接受的政治与道德观念”[5]。

在这样的背景下，思考我国的人权教育具有重要意义。同时需要指出的是我国的人权教育有没有自己的经验可循，答案是肯定的。在我国的人权教育中，我们要防止隔断历史的人权教育。我国人权教育不是始于今天，我国在民国时期即开启了人权教育。1917年，中华书局出版了浙江吴兴人方浏生编辑的国民学校用《公民读本》(两册)，台湾教育史家司琦教授认为这是“我国最早的公民教科书”[6]。该读本上册不仅有国家、国民、民族、国体、政体、国会、政府、法院，还有国民之权利义务、法律与道德、自治和选举等课文。这些民国时期的公民教育中包含了人权的内容。再如，在共和国教科书高小部分的《新修身》(二)中已经开始介绍人权，具体是在新修身(二)的第六册中，第六册书中共有22篇课文，其中第19篇为人权，第20

篇为人格。该教材关于人权的课文内容如下：

人权者，人人所自有而非他人所能侵损者也。析而言之，有对于公众之权，有属于个人之权。

组织社会参预（不是参与——作者注）政治，选举议员，举吾学识之所及，皆得发布于外。以求有益于人类。此人权之对于公众者。

信教自由、营业自由、生命自由、财产自由、意志所在即权力所在，非他人所得干涉，此人权之属于个人者。

具此伟大之人权，但能各保其权，而不相侵犯，任所欲为，无施不可也。

格言　人有同等之权利

第二十　人格

具官体而名之曰人，即有应享之人权。所以保守此人权者，则在人格。

修名誉、求学问、讲道德、守法律，内之无歉于身心，外之有功于世界，人格之要素也。

偶一不慎，则一言之细，一行之微，不免损贬其人格。人格既发，其人权即随之俱去。

鸟兽之属，其知觉运动，与人何异。以无人格可言，故常受制于人，不能与人类并列。吾人人格不完，亦即为他人所制，其关系不甚重矣。[7]

在上述内容中，民国时期将人权与人格作为不可分割的内容合并在一起进行教育，同时，该教材的最后即为著名的《公民须知》，这也就是著名的公民教育的内容。公民教育与人权教育同样存在重叠的地方。可见，我国关于人权教育并不是始于今日，民国的教科书中已有人权的介绍，而且当时的教育取得了一定的经验，在今天的人权教育中，我们需要从历史中汲取营养。

五、教学者需要结合自身阅历与特点形成自己权利教学的风格

在权利教学中，教师在整个教学中具有举足轻重的作用，教师是教学的主导，我们在强调“以学生为主体”时，不能割裂更为重要的内容“以教师为主导”，教师本人的权利素养是权利教学有效性的第一关键，即在教与学两个方面，教是第一位的因素，即使是“因材施教”其主导权仍在于教。因此，如何教、怎么教、教什么等问题是在教的实效性上所需要研究的重要问题，教的水平与能力，决定了学的内容与质量。就教的实效性而言，我们认为下列方面是值得思考的主要问题。

不同于其他专业课如《民法学》、《刑法学》等具体部门法的教学，权利在内容上包括诸多的具体权利，如我们所熟悉的国际人权法上的权利，宪法中的权利，司法保障中的权利等等，这些权利可以说是浩瀚烟海。在这些众多的权利中，教学者可以根据自身的情况选取自己的强项进行专门学的教学与实践。诸如平等权是一项具体的权利，需要在实践中有效推进。事实上，平等权已经在现实生活中细分出了教育平等权、就业平等权等诸多现实的平等权问题。不仅如此，

当前，我国已有一批学者在研究反歧视问题，这是对平等权研究的有效深入。

宪法权利是个很大的领域，包括若干具体性的权利。教学人员需要在实践中根据自身的知识背景与特点，结合自己最擅长的进行权利教学。因此，权利教学实效性还需要教学者建立在自己权利教学方面的“根据地”或者“自留地”，以便于将权利内容具体化、实践化，以克服权利知识的碎片化，使得权利教学的内容具有针对性。

总之，所谓“艺高人胆大”，如果深入把握权利教学的特点、规律本身，结合权利教学本身具有的多种面向与功能，吸收历史中的经验，开发教学人员本身的特点等等，就能够施展权利教学的无穷空间与智慧，促进权利教学实效性的实现，努力在信息化时代在权利教学上做到德法兼修。

参考文献

[1] 冯朝霖.21世纪的人权教育［M］.高等教育出版社，2004：目录部分.

[2] 洪如玉.人权教育的理论与实践［M］.五南图书出版有限公司，2006：79.

[3] 郑贤君.国家应为人权教育做些什么？［J］.人权，2006（6）：39.

[4] Eugene, Kamenke and Alice Erh-Soon Tay, eds., *Human Rights*. London, Edward and Arnold, 1978, p. 6. 转引自孙哲.新人权论［M］.台湾五南图书出版社，1995：116.

[5]［美］L. 亨金.权利的时代［M］.知识出版社：1997：前言.

[6] 毕苑.第一部公民教科书的诞生［J］.读书，2011（8）.

[7] 新修身［M］.新星出版社，2011.

浅谈现代化HR统计信息处理课程的教学

苏　萍*

党的二十大报告中首次出现“中国式现代化”，“从现在起，中国共产党的中心任务就是团结带领全国各族人民全面建成社会主义现代化强国、实现第二个百年奋斗目标，以中国式现代化全面推进中华民族伟大复兴”。报告对中国式现代化的重要特征、本质要求、战略安排、重大原则等理论和实践问题作出了全面系统的阐释，极大地丰富和发展了中国特色社会主义思想的内涵，为全党全国各族人民奋力谱写全面建设社会主义现代化国家崭新篇章指明了前进的方向。中国式现代化是人口规模巨大的现代化，是全体人民共同富裕的现代化，是物质文明和精神文明相协调的现代化，是人与自然和谐共生的现代化，是走和平发展道路的现代化，全国经济、社会的高质量发展是中国式现代化的重要特征。

因此，现代化企业或组织需要的人力资源管理人员必须具备运用专业统计软件和现代信息处理的综合运用能力，此类应用能力越来越

* 苏萍，上海师范大学哲学与法政学院人力资源管理系讲师。

成为高校人力资源管理类毕业生的最基本的就业生存能力。进而要求毕业生能结合自己的专业需求，首先熟练地运用专业统计软件，能够针对实践中具体的事务主动分析并挖掘员工信息，以切实完成组织分派的工作任务；其次，能够针对具体的企业业务数据，快速有效地进行相关信息处理，以期达到良好的管理的目的。

自2019年以来，在近三年6个学期的教学中，已有两个学期完全是线上教学并在此过程中遇到一些问题。下面就这些问题展开讨论，以期提高线上教学效果并达成教学目标。

一、设定现代化的教学内容

HR统计信息处理课程是一门应用性很强的课程，学生通过本课程的学习，了解并掌握不同软件的特点及运用条件，帮助学生形成高效、正确地处理人力资源管理事务的现代化思维方式，选择并运用恰当有效工具及方式解决处理人力资源管理实践中的有关问题。

目前，大多数院校人力资源管理专业的学生是文科生，尽管在学生HR统计信息处理课程之前，学习了高等数学及统计学的相关知识，但学生的数学及概率论知识仍旧比较薄弱；同时，我校大学生的生源已扩大到全国的各个省市，不同地区的高中计算机教育水平不等，有些偏远地区的学生在中学阶段甚至没有开设过计算机课程，学生的计算机应用水平参差不齐。基于以上因素，笔者结合自己多年来的教学研究经验，将教学内容确定为电子表格数据处理软件和统计产品与服务解决方案软件两个部分，每个部分包括实验教学各16学时，课程总学时为32学时，教学内容划分为三大模块：① HR资料数据快速收集与高效处理；② 统计数据的整理与基本分析；③ 统计推断。

二、课程教学中存在的问题

纵观统计与信息处理课程的教学，可以发现存在着以下几方面的问题。

（一）教学设计不完善

该课程在教学方法上，主要采取课堂讲授和实验教学环节相结合的方法，首先教师讲解软件某一功能模块或相关函数，并在课堂上对软件进行操作示范，然后学生进行实验操作。在线上教学的过程中，这种边教边学的方式几乎不能实现，不能充分调动学生的积极性和主动性，从而导致学生个人的智力潜能和优势都不能有效发挥。

（二）重教学内容呈现，轻学习环境设计

学习期间，由于缺乏系统和实训环节，课程教学过程仍强调“教”，强调知识的传授，一讲课就开始知识教学，而没有给予一定的情境导入，缺少一些让学习者去解决的现实问题和一些完整的案例分析，没有充分体现学习者的主动性，大部分学生很难达到灵活应用软件的水平，解决实际问题的能力就更差。同时因为线上教学方式方法及教学手段的不到位，从而无法有效地达到学生学习思维的启迪，学生学习兴趣的培养，学生探究型学习方式的形成，合作学习、终身学习的学习习惯等教学目标。

（三）部分学生的学习的主动性不足

一些学生做有关实验时准备不充分或没有准备，或者对有关实验的目的和要求了解不够，不知道做什么，如何去做，以及部分学生时常迟到、缺课。

实验时，大部分学生基本上能按照教师讲的或实验指导书上写的实验步骤按步照搬地做实验；但不太注重实验过程，不善于主动思考、质疑，不能积极探索实验本质并动手设计实验，只是初步掌握了一些基本操作就算大功告成，不能有效体现学生积极活跃的创新精神和创造力，许多实验做后即忘；离开了教师的指导和教材的帮助就很少能独立完成实验，更谈不上自行设计实验，根本达不到实验课的教学目的和效果。

三、HR统计信息处理线上教学设计及其实现

（一）采用现代化、综合性的教学设计方式

该课程的教学除培养学生应用统计及信息处理能力之外，更要加强培养学生高效解决现代化企业HR中日常事务处理的基本能力，调动学生学习的主动求知欲、综合处理的实践技能。首先，要充分分析学生原有的知识经验和能力水平，分析教学内容及教学方式；还要考虑到由于各软件的迅速发展造成的各项技术指标在短时间内不能形成一种稳定的规范，及各种用作教学范例的软件版本也不断地推陈出新等原因，在教学设计中，案例及示例的设计及选择一定要具有现代性和开放性，切忌概念化、教条化。其次，确定的教学设计需采用综合型，使不同层次的

学生能够根据所学内容，主动并综合运用相关技能技巧。

（二）运用案例教学法组织设计教学情景

案例教学法是运用案例进行课堂教学的一种方法，通过对具体教育情境的描述，引导学生运用所学的理论知识对这些特殊情境进行分析讨论的一种教学方法，是一种理论联系实际、启发式教学见长的教学方法。因此，HR统计信息课程教学内容的设计与展开应该从精心设计的教学情景开始，教师主动设计出与学习内容相关的、尽可能真实的情境，并利用生动、直观的形象有效地激发学生的学习兴趣，启发学生研究实际问题，提出见解、作出判断和决策，培养学生分析、解决问题的能力及创造能力。

教学中，对于新知识点和新技能的讲授，可以选择一些针对性的、特征突出的小案例，激发学生的学习兴趣，使之尽快掌握新知识和技能；对于设计制作及综合分析可选择包含所有知识点的模仿性综合案例，教师适当讲解，学生在模仿学习中加深对理论知识的理解，提高设计制作及分析能力。

（三）自主学习与协作学习相结合

建构主义学习理论认为，课程的教学模式应表现为自主学习和协作学习两种模式。自主学习模式是指学生能根据教师给出的教学目标，自行提出问题、分析问题及解决问题，并且通过书写学习日志或者项目总结的方式来对自我进行反思和反馈。协作学习是在自主学习的基础上，通过小组讨论、协商，以进一步完善和深入对所学内容的意义建构。当然，协作也包括教师与学生之间的交流，学生对教学资料的了解。交流的形式可以是个体之间的，也可以是群体性的，比如集体性的讨论和总结。在实施的过程中，可以根据学生基础、能力的不同，依照以强带弱的基本原则分组进行。比如在问卷发放及回收处理的教学中，将学生以3—5人组成一个项目小组，并以项目小组为单位策划实施各自的问卷设计、发放、回收处理，通过小组成员的分工协作，不仅完成了各知识点的学习和应用，还增强了学生的团体协作意识、组织管理意识。

（四）采取过程化及多元化的效果评价方式

对于HR统计信息处理课程的教学效果评价，若仅通过期末考试评价学生的学习效果，会导致学生只关注于考试结果，不能形成对学习的过程性评价，从而忽略对学生线上学习的专注程度、观察能力、创新能力、想象能力等方面的评价。

在线教学中要有不断的师生互动，并对互动过程中的学生学习状态和学习效果及时评价，实现学习评价的过程化和多元化。过程性评价的具体体现为：① 设计作品评价（设计作品的创意、设计作品完成进度、技术应用广度与难度等）；② 项目总结评价（态度、兴趣、认知）。评价的多元化则可体现为：① 对学生设计项目的口头评价与激励；② 适当安排竞赛活动，比如数据处理比赛等；③ 组织实施灵活的课堂在线问答机制。

四、结　束　语

现代计算机技术、统计信息处理技术发展迅速，各种新技术新观点的诞生给统计信息处理课程的教学带来新的机遇与挑战。教育的目的是“授人以渔”，教会学生怎么学，即教会学生怎么在自己现有的知识经验基础上进行新的意义建构。这是新时期教育赋予我们的职责，需要广大教师深入实践，勇于探索，更需要广大教师认真学习有关教学思想和教育理念，完成教师身份的自我完善和自我提高。只有对教育的不断思考和改革，才能深刻影响受教育者的知识结构与日常行为操守，反过来这也会深刻影响教育者本人的思维模式和行为模式。

“劳动关系案例分析”课程思政教学改革与实践探析

温俊萍*

摘要

课程思政建设是落实立德树人根本任务的重要途径。在“劳动关系案例分析”课程中融入课程思政元素，需要全方位探索改进和完善课程的教学目标、教学内容和教学手段。在教学目标方面，应引入思政元素，重新设计和细化教学目标，将专业教育目标与思政育人目标充分融合，凸显课程思政的育人功能。在教学内容方面，应从培养学生的爱国情怀、法治意识和职业素养等方面优化和改进教学内容，切实贯彻落实课程思政育人理念。在教学方法方面，应创新教学方法，通过案例教学、情景模拟教学和更新教育技术等多元化教学手段增加课程思政亲和力，不断提升课程思政的教育效果。

关键词：课程思政；劳动关系案例分析；隐性教育

* 温俊萍，上海师范大学哲学与法政学院公共管理系副教授。

党的二十大报告提出，教育、科技、人才是全面建设社会主义现代化国家的基础性、战略性支撑。必须坚持科技是第一生产力、人才是第一资源、创新是第一动力。作为高校教师，我们要坚持为党育人、为国育才，高质量落实立德树人的根本任务，深入学习贯彻党的二十大精神，不忘初心，牢记使命，不断增强责任感和使命感，把党的创新理论融入教育教学全过程，尤其在教学过程中要加强课程思政建设，充分融入思政元素，引领广大青年学子坚定理想信念、树立正确目标，着力培养能够担当民族复兴大任的时代新人。

作为一种教育理念，课程思政是新时期加强高校人才培养和思想政治教育的新要求、新举措、新方向，从根本上回应了“为谁培养人、培养什么样的人、怎样培养人”等重大理论与实践问题。习近平总书记在全国高校思想政治工作会议中指出：“要坚持把立德树人作为中心环节，把思想政治工作贯穿教育教学全过程，实现全程育人、全方位育人”，“使各类课程与思想政治理论课同向同行”[1]。课程思政强调以立德树人为目标，以“全员、全程、全方位”育人为引领，已成为有效实施“三全育人”的重要举措，有助于各类专业课程与思想政治理论课同向同行，实现协同育人的效果。

作为劳动与社会保障的专业课程，“劳动关系案例分析”具有内容广泛、应用性强的特点，能帮助学生深入理解和掌握劳动关系理论和制度，运用专业知识和技能分析解决现实劳动关系问题，对培养和提高劳动关系管理实践能力具有重要意义。教师在劳动关系案例分析中有机融入课程思政内容，可以发挥隐性思政教育的作用，实现思想政治教育与知识教育的有机统一，使学生在学习劳动关系理论知识和专业技能的同时，坚定理想信念，树立正确的世界观、人生观和价值观，成为德智体美劳全面发展的社会主义建设者和接班人。因此，本文拟从教学目标、教学内容、教学手段等角度探讨课程思政的教学改革与实践。

一、完善教学目标，凸显课程思政的育人功能

作为最重要、最基本的经济社会关系，劳动关系与社会现实密切相关，劳动关系问题也备受社会各界的广泛关注。传统的劳动关系课程强调专业知识和业务技能的掌握，缺乏对学生思想政治的引导，学生存在职业定位和目标不清晰，缺乏职业精神、对职业道德存在认识偏差等问题，因此，将课程思政元素引入课程教学，可以实现全员育人、全程育人和全方位育人，促进专业教育和思政教育有机结合，培养德才兼备的专业人才。

为了实现知识传授、思想政治教育、素质教育和业务能力培养的有机结合，必须对本课程教学目标进行重新梳理和设计，必须结合课程、专业以及学科的实际，挖掘课程的思想政治教育元素，以增强课程的育人功能。“劳动关系案例分析”课程主要以爱国敬业、公平诚信、和谐等社会主义核心价值观、职业精神和职业道德作为思政教育建设重点，以提升法律素养、提高职业能力、加强团队合作、营造和谐劳动关系作为思政目标，完善传统的教育目标，加强专业人才培养，实现高质量就业。为了使课程思政教育能够渗透到专业课教学过程中，需要将本课程专业教育目标与思政育人的目标进行充分融合，以更好地发挥思政育人的价值引领作用。[2] 具体而言，教师应根据每个章节的教学目标和教学内容，确定相关的思政教学目标，从而形

成课程教学的新目标，用来指导课程思政改革的教学实践。在引入思政元素后，本门课程总体教学目标设定为通过引入典型的劳动关系案例对劳动关系的理论和实务操作进行系统讲授，以案例为重点，以劳动关系的相关理论和管理技术为支撑，理论联系实际，旨在让学生通过课程学习了解劳动关系的知识体系，掌握劳动关系管理的主要内容、方法和技巧、管理流程的设计和法律风险防范等，培养和提高学生独立运行、协调劳动关系的职业能力和业务技能，使学生具备客观、正确分析和解决劳动关系现实问题的实践能力，并逐步养成遵纪守法、爱岗敬业、踏实努力、开拓创新、诚信公正，坚守职业道德、善于沟通与协作的职业素质。

具体目标主要包括以下三个方面：

1. 通过学习，使学生掌握劳动关系的主要概念、基本理论知识和相关制度基础，熟练掌握劳动关系的法律法规和重要政策，树立法治精神，能够在学习和工作中积极学习劳动法律法规，能够灵活运用劳动关系的相关法律知识维护自身的合法劳动权益，并能依法依规管理和协调劳动关系。

2. 通过典型案例分析，使学生初步掌握案例分析的思想和方法，了解并掌握劳动关系管理的主要流程、方法和技巧，能够根据所学专业知识大胆创新管理方式，提高劳动关系管理技能。

3. 通过对本课程的深入学习，使学生能够运用所学专业知识深入思考和正确分析当前中国劳动关系面临的现实问题，具备解决和处理劳动关系管理各项业务的实践能力。并能够自主学习，不断提高自身职业素质和协调劳动关系的业务能力。

需要注意的是，在明确课程对应的思政培养目标之后，还需教师提高对课程的驾驭能力，进一步发挥主观能动性，合理甄选和设计思政内容的渗透形式、渗透时机，通过历史与现实实例的融入强化隐性思政功能。专业知识讲授和思政教育无缝对接，相得益彰，以充分发挥专业课的育人作用[3]。

二、改进教学内容，切实贯彻课程思政育人理念

课程不同部分的思政教育内容侧重点各不相同，这就要求课程思政内容要植根于各个章节具体的知识点，以教材知识与思政内容的关联性为前提，因章施策，细化分解思政元素。

本课程具有应用性与实践性强的特点，决定了应以案例为基础，根据教学的内容找到契合的思政教育元素，如果生搬硬套，很容易将课程思政变为“课程+思政”，从而陷入专业教育与思想政治教育“两张皮”的困境。因此，在根据课程知识体系和主体内容确定思政元素的基础上，[4]应根据选定章节知识内容和教学目标，通过隐性渗透的方式，将甄选的思政内容有机融汇于教学内容中，使书本知识与思政内容有机融合、水乳交融，使学生在学习中潜移默化地获得身心健康、个性发展、明德知礼等思政营养。

（一）基于培养学生爱国情怀的教学内容改革

要办好人民满意的教育，培养德智体美劳全面发展的社会主义建设者和接班人，就要努力践行扎根中国大地办教育，增强青年学子的国情认知，塑造年轻一代的家国情怀，将培养学生的爱国之情，强国之心融入教学实践的整个过程。强化国情认知需要将国情教育

纳入课程教学中，中国目前的劳动关系呈现出多元化、复杂化的图景，作为一个重要的社会民生议题，劳动关系问题备受社会各界的关注。这就需要教师能够结合现实案例，深入讲解和分析劳动关系面临的现实问题和形成原因，引导学生正确认识劳动权益纠纷，通过阐释党和国家协调劳动关系的相关法规和政策，以及具有中国特色的多元纠纷解决机制的创新实践，让学生充分认识到社会主义制度的优越性。此外，在教学过程中，还要引导学生关注国内外劳动关系的相关新闻和案例，比如关注近些年国内外对于劳动者就业的保护措施。受大环境的影响，国内一些产业，特别是服务业领域，一些企业，特别是中小微企业陷入困境。为了帮助企业和劳动者共渡难关，我国各级政府高度重视就业问题，仅"就业"一词在政府工作报告中出现了39次之多，彰显出国家层面对就业问题的高度关切。同时，我国把保就业放在"六稳""六保"之首，并推出一系列以稳定就业为中心的积极举措与政策，针对弱势群体制定了有效的就业保障政策，在很大程度上化解了就业风险，消除了劳动纠纷隐患。这充分体现了党和国家对广大劳动者劳动权益的关心和支持。与此同时，西方国家由于经济下行压力，失业率上升，贫富差距现象日益凸显。通过鲜明的对比，更加彰显出社会主义理念和制度的优越性，激发了学生的爱国主义精神和民族自豪感，在潜移默化中实现育人目标。

（二）基于培养学生职业素质的教学内容改革

"劳动关系案例分析"课程教学的主要目标是培养和提升学生的职业素养，而扎实的专业理论知识是培育职业素养的重要保障。首先，通过课程专业知识的教学，有助于学生了解和掌握劳动关系的相关范畴、基本原理和劳动关系的发展规律，熟悉劳动关系的主要理论观点和政策主张，在提高学生理论素养的同时，使他们能够灵活应对现实劳动关系问题，进一步明确劳动关系的职业规范、不断提升自身的职业适应能力和职业技能水平。此外，学生通过对劳动关系管理的主要概念、基本业务模块和相关制度的学习，可以夯实劳动关系管理的专业基础，提升劳动关系管理和协调的实践能力。

其次，在讲解劳动关系管理的教学实践中，可根据不同章节和知识点的需要引入相关的思政元素。比如，可在员工招聘录用章节教学中引入职业素养思政元素，教师在传授招聘和入职管理相关专业知识的同时，可选取和劳动与社会保障专业相关的工作岗位招聘广告文本作为现实案例，引导学生进一步思考和分析用人单位和未来就业岗位对职业素养的需求，鼓励学生尽早树立职业目标，明确职业发展方向，树立正确的就业观念，积极提升自己的就业竞争力和职业能力，为未来的求职就业做好充分准备。再如，针对用人单位对团队协作的要求，教师可以在教学中主动引导学生树立合作意识，理解现实社会中合作的必要性和重要性。在帮助学生了解并熟练掌握用人单位协调、管理劳动关系的具体流程和操作技术的教学实践中，可以通过安排小组合作学习的主题，引导他们在完成自己承担小组任务的同时，加强与其他成员的交流和协同合作，通过合作学习提高学生对劳动关系管理领域现实问题的思考能力和解决能力。

最后，教师可以结合劳动关系管理领域的现实案例，通过典型案例分析，使学生在初步掌握劳动关系管理的专业知识和相关技能，了解并熟悉用人单位劳动关系管理的内容框架、主要流程、管理方法和操作技巧的基础上，能够依法依规，根据实际要求制作劳动关系管理过程中需要的相关文案或文书，培养和提高学生独立处理劳动关系的职业能力，提高其劳动关系管理技能水平和在企事业单位的任职能力。

（三）基于培养学生法治意识的教学内容改革

法治意识是公民对法治的认知、崇尚与遵循的思想观念和价值取向。劳动关系的协调和管理与劳动法律法规密切相关。因此，在课程教学中可以将专业知识的讲授和法治素养的培育有机结合起来，增强学生的法治精神和法律意识，使他们能够依法行使劳动权利、履行劳动义务，严守职业道德底线，维护自身合法权益。具体而言，可以通过对《劳动法》基本理论知识的传授以及《劳动法》、《劳动合同法》等劳动法律法规中关于劳动合同、劳动标准、劳动争议处理等系列内容的解读，使学生全面了解《劳动法》和《社会保障法》的基本知识，加深理解我国在劳动与社会保障领域依法治国的方针和政策，并能够掌握《劳动法》和《社会保障法》的体系结构及重要法律规范，能够依法依规协调、规范劳动关系，可以在学习和工作中自觉遵守和灵活运用相关法规正确分析和解决劳动关系管理面临的现实问题。在教学过程中，教师可以结合近年来疫情防控的背景，通过对现实案例的加工和重新设计引导学生积极思考、讨论和分析在面临解除劳动合同、调岗降薪等劳动争议时劳动者应该如何运用法律手段保护自身的合法权益，从而增强学生的维权意识，最终实现知识传授和价值引领的融合。

三、创新教学方法，提升课程思政的教育效果

隐性思政教育具有内容丰富、过程隐蔽以及环境开放的特性，这要求教师尽可能在教学方法上进行创新，采用多元化、创新性的手段多管齐下，对传统教学方式加以调整和优化，将思政教学目标通过一定的载体和形式渗透到教学内容和知识当中，让课堂更生动、更有温度，使学生在潜移默化中产生情感共鸣，能够主动接受和践行社会主义核心价值观。最终，学生可以自我感受和领悟“为什么”和“怎么办”，从而提升课程思政的育人效果。[5]

（一）案例教学提升思政教育亲和力

由于劳动关系课程兼具理论和实务操作要求，需要教师在授课中大量引入管理案例和法律案例。通过导入鲜活生动的案例，可以帮助学生掌握劳动关系管理的专业知识、主要方法、管理流程设计、法律风险防范等内容，提高他们的管理技能和职业能力。在教学准备阶段，教师应精心选择源于现实、符合国情、具有代表性和教育意义的劳动关系案例素材，以激发学生的好奇心和探究欲望；在案例教学过程中，要处理好专业知识显性教育和课程思政隐性教育的关系，注意思政元素和案例教学内容的相关性，在分析过程中能够体现出思政元素，使思政内容更接地气。比如，在指导学生围绕案例展开思考、讨论和辩论的过程中，应将公平、法治、和谐等社会价值观贯穿其中，正向引导学生能够从专业、公平和法治角度去深入思考和分析劳动关系案例，提高学生的职业素养和社会责任感，从而实现知识传授、能

力培养和价值塑造的有机结合。

（二）情景模拟教学内化课程思政理念

隐性思政教育首先需要解决的是如何激发学生的学习兴趣，而这一点与情景模拟教学的优势正好契合。基于情景模拟教学的理念创设教学内容需要，并接近真实工作或生活的场景，可由学生在场景中分别担任不同角色，进而促进其掌握相关知识和技能。[6]由此可见，情景模拟可以增加学生的代入感，使德育像涓涓细流般流入学生心中，达到润物细无声的育人效果。在劳动关系案例分析课程教学中，通过对劳动关系现实情景的模拟和再现，可以使学生站在实务工作者的位置上来思考问题，获得在劳动关系真实场景中的角色体验，从而激发学生主动学习的积极性，通过自主探究体验“再创造”的乐趣。此外，通过情景模拟还可以进一步强化学生的主体地位，使学生乐于参与、易于接受教师讲授的课程知识和思政内容，不仅有助于学生掌握必备的专业知识和职业技能，而且能够引导学生逐步树立正确的世界观、人生观和价值观。比如，可以以平台用工劳动关系的确认作为模拟主题，通过模拟情景设定，由学生分别扮演平台劳动者、平台公司、律师、法官等真实角色，通过角色体验，可以使学生了解确认劳动关系可能面临的各种现实问题，提升学生日后的岗位业务能力，并深刻理解和认识到和谐劳动关系社会价值的内涵及其重要性。

（三）更新教学技术，强化课程思政育人作用

互联网络和新媒体的快速发展对当代大学生的学习生活产生了深刻影响，悄然改变着学生的生活和学习方式，与此同时，也为大学生

的思政教育提供了新的手段和渠道。因此，教师应与时俱进，不断更新教学技术，充分利用新媒体平台，弘扬正能量，将劳动关系热点问题与课程思政元素有机融合，引导学生们交流和讨论，提高学习积极性，强化学生的思考和分析能力。与此同时，通过隐性思政教育和价值引领帮助学生树立正确的世界观、人生观和价值观，实现课程育人目标。此外，在教学过程中，应加强对现代教育技术的应用，实现课程教学与思想政治教育的同向同行。[7]可以考虑课内课外相结合、线上线下相结合的方式，让整个课程学习过程更加丰富。教师可以在课前给学生推送带有思政元素并和课程内容相关的网络资源，要求学生进行学习和思考，授课过程中通过学生的分享和教师的分析，可以进一步强化课程的育人目标。在提高学生专业能力的同时，有效提升学生的思想政治素质。

参考文献

[1] 习近平在全国高校思想政治工作会议上强调：把思想政治工作贯穿教育教学全过程　开创我国高等教育事业发展新局面［N］.人民日报，2016-12-09（1）.

[2] 李超.浅析思政教育传统优势与专业育人深度融合路径［J］.教育教学论坛，2019（22）：44-45.

[3] 钟利红.从“课程思政”视角探究大学生社会主义核心价值观的培育［J］.高教学刊，2019（12）：171-173.

[4] 吴宝华.“人力资源管理概论”课程思政教学改革与实践探讨［J］.天津农学院学报，2021（3）：97-100.

[5] 王浩林等.劳动关系管理课程思政教学探析［J］.蚌埠学院学报，2022（2）：102-105.

[6] 华洪珍.论情景模拟教学中教师的责任与角色定位［J］.广西教育学报，2004（5）：10-13.

[7] 王光辉.课程思政在“人力资源管理”课程教学中的探索［J］.科教导刊，2021（14）：148-150.

党的二十大精神贯穿“宪法与行政法”课程讲授全过程

张　晗*

《人民日报》于2022年10月26日全文刊载了党的二十大报告。这份表征着国家建设新征途起点的报告，不仅是对党领导人民当家作主从而推动国家政治经济社会各个领域高质量发展的“总结书”，而且也是一份我们今后如何推动全面建设社会主义现代化国家的“计划书”。它的发布关系着国家建设的未来发展前景，也给每一个人指明了前行的方向。

贯彻落实党的二十大报告精神，领会学习它的内容，尤其是在高校课堂中，让党的二十大报告走近大学生，使青年大学生们在学习专业知识的同时也能做到紧跟时事，掌握党中央关于国家新发展的规划设计蓝图，从而激励年轻人奋发有为，将自己的专业学习与国家的前途命运紧紧结合一起，将个人发展与国家整体事业规划契合融入，这是党的二十大精神扎实落地最好的途径。

* 张晗，上海师范大学哲学与法政学院法律系讲师。

一、党的二十大精神融入课程讲授全过程的必要性

近年来，教育部印发了《高等学校课程思政建设指导纲要》，它是一份全面推进高校课程思政建设的指南。培养高质量全面发展的人才是该纲要出台之目标，各大高校亦纷纷响应。

在上海师范大学，课程思政理念作为“立德树人”的一项重要要求，需要教师在传道授业解惑的同时，更加注重学生身心健康全面发展，培养学生正确的世界观、国家观和民族观。教师在每一门课程中都要做到专业知识的讲授与德育传统的教育相协同。

“宪法与行政法”课程亦是如此，它作为哲学与法政学院行政管理专业学生一门较为重要的专业主干课程，学生在进入大学之初即要求掌握。课程的讲授内容涵盖宪法与行政法学的基本原理与各项制度。具体而言包括宪法总论、宪法指导思想和基本原则、国家性质和国家形式、国家基本制度、公民基本权利和义务、国家机构、宪法实施和监督以及依法行政等各方面问题。课程选用教材为高等教育出版社推出的马工程系列教材，分别是《宪法》(第二版)和《行政法与行政诉讼法学》(第二版)。教学大纲在设计之初，就关注尽可能与党和国家重大方针政策精神的传达解析同步同频。

如何做到“立德树人”与专业知识学习两不误？作为青年学生而言，须树立起正确积极的人生观与世界观。当代大学生均出生于21世纪后，新时代前进的脚步锻炼与提升了他们的眼界，因此也需要以更高的德育标准时刻要求自己。

行政管理专业发展至今，在当代中国社会已经演变成为一门综合

性较强的学科，涵盖政治学、行政学、法学、管理学等多个领域知识。行政管理专业其中一个重要的研究对象便是政府管理。提高政府公共管理质量，推进政府工作法治化，加强国家治理能力现代化，这既是党的二十大报告中的主题之一，也是国家今后发展规划的目标之一。

因而，将党的二十大精神融入“宪法与行政法”课程讲授全过程，不仅有助于激发行政管理专业大学生的爱国情操，提升他们的道德素养；而且特别有助于提升行政管理专业学生的专业学习契合度，丰富并拓展他们的专业知识背景。将二十大精神全景式融入课程讲授，能够加深学生家国情怀的体验，增强大学生学习的责任感及使命感，符合新时代大学课程培养人才的目标。

二、党的二十大精神融入课程讲授全过程的总体要求

在进行课程教学方案的设计以及课堂讲授专业知识时，教师需要从多个角度来与学生建立联系，例如以课堂讲授环节为主体，环绕其四周，另行设置专题研讨发言、平时作业布置、课后资料阅读等多个环节，同时结合期中期末考试测评环节，在学生学习的全过程、全环节中体现出对于二十大精神的融入与浸润。

作为行政管理专业的学生，有部分同学可能会困惑宪法与行政法的学习与行政管理专业知识之间的关系，以及对于学习该法律的原因不是十分清楚，此时教师需阐明两者的联系，结合二十大报告中有关依法治国、依法行政等法治理念的理解，以师生双向交流、场景代入、案例分析等多种教学方式，引导学生明确在“宪法与行政法”课

程学习过程中融入二十大精神的重大意义及具体步骤。

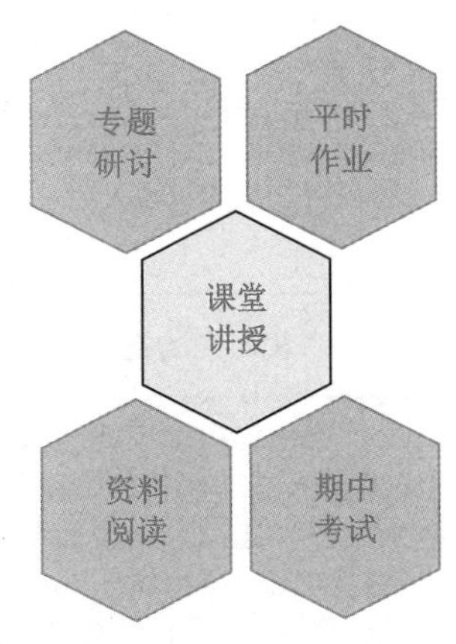

二十大精神贯彻课程全过程总体要求示意图

三、党的二十大精神融入课程讲授全过程的具体路径

从授课内容上而言，“宪法与行政法”的讲授内容与党的二十大报告主体内容关联甚密。二十大报告里总共从十五个方面清晰阐明了党带领中国人民在全面建设社会主义现代化国家新征程中涉及的具体问题与规划安排，最终目标是实现中华民族伟大复兴，并向全世界提供了一份更好的中国智慧、中国方案。这套方案设计，是党治国理政的宏伟蓝图，也是中国人民迈向新时代、新发展、新征程的实践篇章。

“宪法与行政法”这门课的讲授内容分为两个部分，第一编为“宪法”，第二编为“行政法”。宪法部分，学生需要掌握《宪法》课本中的八章内容；在行政法部分，学生需要掌握行政法总论、基本原则以及具体各项行政法律制度。在教学中，教师将二十大报告的十五部分中涉及的关键词、关键内容整理出来，并与宪法、行政法专业知识内容相匹配，制作完成了下列表格，右边部分是二十大报告中与本课程相关的关键词、关键句，斜体字表示的是两本“马工程”教材中与其相匹配的章节，以便教师在授课过程中做到二十大精神与课程内容讲解的全过程对接。具体路径见下表。

党的二十大报告	相对应的宪法、行政法知识点
一、过去五年的工作和新时代十年的伟大变革	宪法修改，深化党和国家机构改革，坚持和完善中国特色社会主义制度、推进国家治理体系和治理能力现代化。扎实推进全过程人民民主，全面推进依法治国，积极发展社会主义先进文化，突出保障和改善民生，集中力量实施脱贫攻坚战，大力推进生态文明建设，坚决维护国家安全。（*《宪法学》第一章*）
二、开辟马克思主义中国化时代化新境界	马克思主义是我们立党立国、兴党兴国的根本指导思想。坚持和发展马克思主义，必须同中国具体实际相结合。（*《宪法学》第二章*）
三、新时代新征程中国共产党的使命任务	中国式现代化的本质要求是：坚持中国共产党领导，坚持中国特色社会主义，实现高质量发展，发展全过程人民民主，丰富人民精神世界，实现全体人民共同富裕，促进人与自然和谐共生，推动构建人类命运共同体，创造人类文明新形态。（*《宪法学》第三章*）
四、加快构建新发展格局，着力推动高质量发展	构建高水平社会主义市场经济体制。坚持和完善社会主义基本经济制度，毫不动摇巩固和发展公有制经济，毫不动摇鼓励、支持、引导非公有制经济发展，充分发挥市场在资源配置中的决定性作用（*《宪法学》第五章*）
五、实施科教兴国战略，强化现代化建设人才支撑	办好人民满意的教育。育人的根本在于立德。全面贯彻党的教育方针，落实立德树人根本任务，培养德智体美劳全面发展的社会主义建设者和接班人。坚持以人民为中心发展教育，加快建设高质量教育体系，发展素质教育，促进教育公平。（*《宪法学》第五章*）
六、发展全过程人民民主，保障人民当家作主	全过程人民民主是社会主义民主政治的本质属性，是最广泛、最真实、最管用的民主。必须坚定不移走中国特色社会主义政治发展道路，坚持党的领导、人民当家作主、依法治国有机统一，坚持人民主体地位。加强人民当家作主制度保障。坚持和完善我国根本政治制度、基本政治制度、重要政治制度，拓展民主渠道，丰富民主形式。全面发展协商民主。积极发展基层民主。巩固和发展最广泛的爱国统一战线。（*《宪法学》第四章*）

续 表

党的二十大报告	相对应的宪法、行政法知识点
七、坚持全面依法治国，推进法治中国建设	完善以宪法为核心的中国特色社会主义法律体系。扎实推进依法行政。法治政府建设是全面依法治国的重点任务和主体工程。严格公正司法。加快建设法治社会。（*《行政法与行政诉讼法》*）
八、推进文化自信自强，铸就社会主义文化新辉煌	发展社会主义先进文化，弘扬革命文化，传承中华优秀传统文化，满足人民日益增长的精神文化需求。建设具有强大凝聚力和引领力的社会主义意识形态。广泛践行社会主义核心价值观。繁荣发展文化事业和文化产业。（*《宪法学》第五章*）
九、增进民生福祉，提高人民生活品质	完善分配制度。分配制度是促进共同富裕的基础性制度。坚持按劳分配为主体、多种分配方式并存，构建初次分配、再分配、第三次分配协调配套的制度体系。实施就业优先战略。健全社会保障体系。推进健康中国建设。（*《宪法学》第五章*）
十、推动绿色发展，促进人与自然和谐共生	加快发展方式绿色转型。深入推进环境污染防治。提升生态系统多样性、稳定性、持续性。（*《宪法学》第五章*）
十一、推进国家安全体系和能力现代化，坚决维护国家安全和社会稳定	以人民安全为宗旨、以政治安全为根本、以经济安全为基础、以军事科技文化社会安全为保障、以促进国际安全为依托，建设更高水平的平安中国。提高公共安全治理水平。（*《宪法学》第一章*）
十二、实现建军一百年奋斗目标，开创国防和军队现代化新局面	贯彻新时代党的强军思想，贯彻新时代军事战略方针，坚持党对人民军队的绝对领导，坚持政治建军、改革强军、科技强军、人才强军、依法治军。（*《宪法学》第七章*）
十三、坚持和完善“一国两制”，推进祖国统一	坚持依法治港治澳，维护宪法和基本法确定的特别行政区宪制秩序。坚持和完善“一国两制”制度体系。解决台湾问题、实现祖国完全统一，是党矢志不渝的历史任务，是全体中华儿女的共同愿望，是实现中华民族伟大复兴的必然要求。（*《宪法学》第八章*）
十四、促进世界和平与发展，推动构建人类命运共同体	中国始终坚持维护世界和平、促进共同发展的外交政策宗旨，致力于推动构建人类命运共同体。中国坚持在和平共处五项原则基础上同各国发展友好合作。（*《宪法学》第一章*）
十五、坚定不移全面从严治党，深入推进新时代党的建设新的伟大工程	坚持和加强党中央集中统一领导。党的领导是全面的、系统的、整体的，必须全面、系统、整体加以落实。（*《宪法学》第三章*）

四、党的二十大精神融入课程讲授全过程的实际成效

二十大报告发布之后，教师在课堂专业知识的讲授过程中做到及时向学生宣讲二十大精神，结合宪法、行政法的每一个章节内容来阐述，引导学生对当代中国社会出现的新情况、新问题给予及时的分析与解读。通过学生的交叉讨论、案例分析，让学生在争鸣中更加加深了对党制定的一系列方针政策的理解；通过布置课后作业，让学生课后进一步去图书馆查找相关的资料，自己阅读，带着问题导向，自己去完成一个又一个的课题；通过设置专门的课堂研讨，教师提前结合二十大报告热点，提炼出约十个问题，让学生提前制作PPT，在课堂上分组进行专题研讨；在期中考试时，还出现了二十大报告相关的考题，让学生当场谈谈对二十大精神的理解；前述种种方式，带动学生自觉主动地探索问题、实践分析以及最终得出一些自己对法治国家、法治政府、法治社会的理解与感受。整体而言，学生们在学习过程中表现得非常积极，态度热诚，直面问题，体现了当代上海师大青年学生的责任与担当。

“侵权责任法”教学中课程思政略观

——弘扬正气树立新风

张赫曦*

在党的二十大报告中，首次将教育、科技以及人才三大战略一体规划，将实施科教兴国，强化现代化建设作为人才支撑，这意味着高校教育应当牢牢把握立德树人的根本任务，始终坚持引导青年学子努力为中华民族伟大复兴而奋斗。作为一名高校教师，在授课过程中应当贯彻落实党的精神，筑牢学生的政治根基，提升学生的大局意识，锤炼学生扎实的学理基础，为开创中国特色社会主义新局面培养有理想、有本领的“复兴栋梁”和“强国先锋”。

“课程思政”并非一门特定的课程，而是一种教学理念。大学的课程不仅具备传授知识的功能，还承载着培养学生世界观、人生观、价值观的重要作用。对学生的思想教育应当从全局着手，不能仅仅局限于“思政课程”的讲授，观其大略**，方能将理想信念润物细无声一般融入知识的学习当中，将其转化为一种思维方式。法学教育本身

---

* 张赫曦，上海师范大学哲学与法政学院法律系讲师，民商法博士。

** “观其大略”出自三国魏史学家鱼豢所著《魏略》:“诸葛亮在荆州，与石广元、徐元直、孟公威俱游学，三人务于精熟，而亮独观其大略。”其意为凡事从大处着手，站得高才能看得远。

就带有很强的政治属性，法学专业的教师在讲授专业知识的过程中需要牢牢把握正确的政治方向。将“思政”元素贯穿于“侵权责任法”授课过程中，需要授课教师以立德树人为基本出发点，对法学知识的教授不能仅仅局限于学术概念以及法律条款的讲解中，还需要将其放置于依法治国的战略高度之上，引导学生去发掘法律规范背后的中国特色社会主义核心价值观、制度定位以及人文关怀。侵权责任法律规范以“权利救济法”为基本属性，其“课程思政”的目标在于培养学生尊法守法意识、树立维护社会和谐的责任感以及养成良好的职业操守。实现“侵权责任法”“课程思政”的“价值培养、能力培养、知识传授”三位一体的授课模式。

一、“侵权责任法”“课程思政”的教学目标

专业课同思政课一样，承载着育人育德的功能，课程思政要求在讲授专业课的过程中，根据专业课的特点，将中国特色社会主义核心价值观有机地融入其中，丰富专业课的“思政”内涵，使学生在学习专业知识的同时潜移默化地接受“思政”教育。将专业课与“思政”教育相融合，要求施教主体在授课过程中，有意识、有目的、有计划地将专业课背后的“思政”内涵融入设计的各个教学环节之中，从而提高青年学生的道德规范意识，使他们树立坚定正确的政治方向和思想观念，将他们培养成符合我国发展需求的合格人才。

就“侵权责任法”这门课程而言，其本身贴近生活，在法律规范和现实生活中均有诸多要点与“思政”元素相契合。侵权责任法在社会生活中发挥的作用在不同时代具有不同的侧重。在我们当今社会

中，侵权责任法的目的在于“保护民事主体的合法权益，明确侵权责任，预防并制裁侵权行为，促进社会和谐稳定”。在充分保障个人行为自由的同时，尊重他人的活动空间；激发人们创造力的同时，促进了社会的进步；在广泛保护民事权益的同时，威慑不法行为，这无不体现了“民主法治、公平正义、诚信友爱、充满活力、安定有序、人与自然和谐相处”的社会主义和谐社会的价值观。在学习专业知识和技能的过程，于无形之中使得学生树立了维护良好社会风气，倡导诚实守信观念，引领我们的社会风气在正确的轨道上前行。因此，将“侵权责任法”课程的“思政”目标设为：坚定学生建设中国特色社会主义的理想信念，树立无私奉献的家国情怀；弄清侵权责任法律理论，围绕案例分析展开教学，通过案例将专业知识和思政要素紧密联系起来，提高学生的综合素养。最终将青年学生培养成契合中华民族伟大复兴建设过程中所需求的人才。

二、“侵权责任法”“课程思政”的教学设计

“侵权责任法”课程的教学内容主要包含以下五大部分：侵权行为、归责事由与归责原则、一般侵权责任、多数人侵权责任以及特殊侵权责任，其中各部分下设具体章节。从依法治国的根基出发，侵权责任法律规范作为《民法典》的重要组成部分之一，旨在保护合法民事权益，定分止争，惩恶扬善。其中每一具体章节的内容也都包含了深刻的“思政”内涵，具体课程思政体现如下：第一部分，侵权行为章节的内容，通过识别侵权行为，分析其发生原因，体现了定纷止争的“思政”思想。第二部分侵权责任归责事由与归责原则章节，主

要向学生讲授归责事由的原理以及类型和体系、归责原则（即以过错责任为基本原则，辅之以过错推定责任、无过错责任以及公平责任）的适用情形、侵权责任法的保护范围等，该章节体现法益平衡的基本理念。第三部分，一般侵权责任章节主要向学生介绍了一般侵权责任的规范模式和构成要件、责任竞合与减责和免责事由等内容，这部分的教学内容体现了实事求是、如何取舍选择的“思政”思想。第四部分，多数人侵权责任章节主要向学生讲授了共同加害行为、教授帮助行为、共同危险行为、无意思联络的数人侵权等问题的构成要件、法律后果以及相关的法律程序，该部分内容体现了诚实守法、尊重公序良俗的“思政”理念。第五部分，特殊侵权责任章节主要讲授了监护人责任、用人者责任、网络侵权责任、违反安全保障义务的侵权责任、产品责任、机动车交通事故责任、医疗损害责任、环境污染和生态破坏责任、高度危险责任、饲养动物损害责任以及建筑物和物件损害责任的构成要件、法律后果、责任承担方式和法律程序等内容，该章节内容分别对应了“课程思政”理念中的家风和谐、自省自查、尊重他人、社会责任承担、诚信经营、客观公正、缓解医患关系、环境保护、以人为本、守公德严私德以及提高公共安全和公共道德意识等。

高校教育要培养全面建设社会主义现代化国家的人才，加快教育强国建设，办好人民满意的教育是当代教育工作者的行动目标。教育要始终坚持为党和国家服务的理念。基于此，“侵权责任法”课程在讲授法律专业知识的过程中，还应当使学生体会到我国立法者保护被侵害者权益的价值考量。侵权责任法律规范保护了弱者权益，维护了社会的公平正义，是中国特色社会主义法治理论的体现。引导学生将法律条文结合具体案例进行思辨分析，教育学生在判断侵权行为并确定赔偿责任的过程中，应当保持客观公正的态度，同时对纠纷中的各方当事人保有同理心，从“以人为本”出发，公平公正地适用法律，平定纷争，通过教学从而提高学生的法律素养和人文情怀，使青年学生们坚定地沿着中国特色社会主义法治道路走下去，让“尊法、学法、守法、用法在全社会蔚然成风”。在党的领导下，在党的精神指引下，培育出符合中国国情的创新型人才。

三、“侵权责任法”“课程思政”的效用

高校教育应当具有为党育人，为国育才的担当，以培养强国战略所需人才为导向，为我国建设人才中心和创新高地提供有力的支撑。施教者在授课过程中传承我党的红色基因，弘扬我党伟大的建党精神，落实立德树人的根本任务，增强青年学子建设中国特色社会主义的责任感和使命感。专业课的“课程思政”应当服务于教育强国、科技强国以及人才强国建设，坚持贯彻“科技是第一生产力、人才是第一资源、创新是第一动力”的理念，遵从实事求是原则、创新思维原则、突出重点原则以及注重实效原则，在专业知识之中体系化、系统化地进行育德教育。

（一）在“侵权责任法”课程的专业理论和现实案例之中发掘“思政”内涵。《侵权责任法》课程的学习是建立在民法和侵权责任法的一般原理和制度基础之上，训练学生如何运用专业的法律知识处理日常生活中的实际案件，其背后蕴藏了保障自身和他人合法权益的“思政”理念：侵权责任相关法律规范维护了我国公民的合法民事权

益，有助于我国和谐社会的持续发展，通过司法裁判落实公平公正的法治环境，有助于营造敬业奉献，诚实守信的社会氛围，强化了青年学子的职业道德感和坚实的职业素养。通过课堂上对侵权责任法专业知识的讲解，并结合相应的案例分析，通过理论和现实紧密联系在一起的方式，以专业理论知识为基础，案例分析实践为依托，来开展“课程思政”教育，激发学生的学习兴趣，锻炼学生的实践能力。

以近些年越来越常见的“网络暴力行为”为例。网络暴力行为诸如在网络上恶意散布诽谤他人的言论；造谣一些本不存在的事件；“人肉”搜索他人信息；通过网络水军干扰社会评论等等，这些行为扰乱了正常的社会公共秩序，侵害了他人的合法权益，构成了民事侵权行为，我国《民法典》对这种网络侵权行为的责任承担在第1194条至第1197条中做出了明确规定，其背后体现了网络平台的社会责任以及网络用户的道德责任。曾入选“新时代推动法治进程2021年度十大案件”提名的“女子取快递被造谣出轨案”，就反映了通过法律手段惩治网络暴行，树立良好社会风尚的“思政”内涵，法治对社会风气形成了正向引导，更好地保障了公民的合法权益，维护了公共秩序，让社会涌流了更多的正能量。

（二）在“侵权责任法”课程的教学实践中落实“课程思政”。实践教学的目的是为能够让学生从多维度综合运用法律知识和相应的法律条款以应对不同类型的案件，有助于学生了解法律实务的运作状态。“侵权责任法”课程的实践方式主要采取模拟法庭的方式展开课堂讨论，培养学生站在不同角度看待问题，思考解决方案的辩证思维，这也是“课程思政”的重要体现。学生通过对案例的分析和研判，来了解实务中的技巧，通过评析不同学术观点对案件裁判的影响，以此来考查学生的分析能力和文献检索能力，培养学生的大局观念，使之切身体会公平正义的社会价值。

（三）在“侵权责任法”课程的考核方式中检验“课程思政”的效果。“侵权责任法”作为法学专业的选修课，以开卷考核的方式结课，其最终成绩的构成包括：平时成绩（考勤、期中测试以及课堂表现）和期末成绩。其中对学生“课程思政”学习效果的考核主要体现在专业知识中对“思政”要素的理解和把握，以及在课堂表现中的体现。

总　结

“侵权责任法”课程中的“思政”教育以专业基础知识为根基，在此基础上发掘其背后的“思政”内涵。理论知识的学习与实践运用能力并重，引导学生在学习的过程中理解、接受、内化侵权责任法律规范背后所蕴含的价值取向，所追求的价值目标以及所构建的价值准则。在提高学生专业素质水平的同时，提高学生的思想道德修养，坚定学生的中国特色社会主义理想信念，落实立德树人的根本任务。

浸润式课程思政教学模式探索

——以“组织与工作设计”课程为例

张燕娣*

摘要

为了切实贯彻党的教育方针，落实立德树人的根本任务，各高校在专业教学中努力加强课程思政建设。本文以人力资源管理专业课程“组织与工作设计”为例，从课程的思政育人目标、课程思政的内容体系、思政元素的嵌入方式、层层递进的教学方法、教学效果与反思五个方面分析探讨了该课程在教学实践中形成的浸润式课程思政教学模式。

关键词：浸润式；课程思政；组织与工作设计

党的二十大报告中提出，要“办好人民满意的教育”。“教育是国

* 张燕娣，上海师范大学哲学与法政学院人力资源管理系副教授。

之大计、党之大计。培养什么人、怎样培养人、为谁培养人是教育的根本问题。”可见，培养什么样的人，这是教育的首要问题，也是教育工作谋划的起点，是教师在教育实践中的所有教学行为的指向。育人的根本在于立德。大学生正处于世界观、人生观、价值观形成和塑造的关键阶段，在高等教育阶段，如何在专业教学的过程中贯穿思想引领，在潜移默化中引导学生树立正确的世界观、人生观和价值观，以实现立德树人的根本任务，是当前高等教育中的重要任务，也是加快建设高质量教育体系的必然要求。

人力资源管理是应用性和实践性很强的专业。作为培养人力资源管理专业人才的高校，落实立德树人的根本任务，不仅要求我们把学生培养成既有深厚和广泛的专业理论知识又有过硬专业技能的人才，更要把学生培养成具有坚定正确的政治方向、自觉践行社会主义核心价值观、了解国情社情民情、具有良好的职业素养、社会责任感、人文底蕴和科学精神的全方位发展的高素质人才。要实现这一培养目标，仅仅依靠思政课程的开设与教育是远远不够的，必须在抓好思政课程的同时，努力做好各门专业课程的思政设计与实施，打造全方位浸润式的专业课程思政教学模式，以实现思想价值引领和道德素养培育目标。

本文主要就人力资源管理专业课程“组织与工作设计”实施的浸润式课程思政教学模式进行分析探讨。本文所谓的浸润式课程思政教学模式是指围绕思政育人的具体课程目标，探寻挖掘课程内容中包含的思政元素和德育理念，再融入和充实相对应的思政素材，在教学中采用多种教学方式将承载思政理念的相关素材或知识呈现给学生，使学生沉浸于无形的思政教学环境中进行专业学习，通过润物细无声的方式将专业知识和思政理念传递给学生，以达到增知长识和“润心”的双重效果。

一、明确专业课程的思政育人目标

"组织与工作设计"是人力资源管理专业的一门专业必修课，其培养目标首先是与专业培养目标相一致的，在思政育人功能上也是一致的。但是它只是诸多专业课程之一，并不能承载所有的思政育人功能。本课程与其他专业基础课、核心课在知识内容上是互补的，在育人功能方面既有共通性，也有互补性。

本课程与本专业课程体系在培养学生人文底蕴、科学精神、职业素养和社会责任感，了解国情社情民情，践行社会主义核心价值观方面，其功能是一致的。但在与课程内容紧密相关的其他育人目标上，各门课程的功能则有的形成互补，有的有功能强弱之分。如"组织与工作设计"重点培养学生的整体观、系统观、严谨细致的工作作风，树立以人为本的管理理念。"招聘管理"重点培养学生的公平意识、竞争意识；"培训与开发"培养学生的终身学习理念；"职业生涯与规划"使学生树立大局意识，培养正确的择业观；"薪酬管理"培养学生的公平意识和责任意识，强化新时代人才激励之道。

二、挖掘思政元素，构建课程思政内容体系

围绕专业课程的思政育人目标有针对性地梳理课程内容，深入挖掘其中的思政元素与内涵，将教学内容与育人目标相契合，对原有课程内容进行分解重构，形成课程思政的内容结构框架。"组织与工作设计"课程的内容可以分为三大模块：组织与组织设计、工作设

计、工作分析。各模块蕴含的思政元素及其对应的思政育人目标见表1。

表1　课程内容与思政育人目标的契合

内容模块	教学内容	与课程思政相契合的内容材料	思政育人目标
组织与组织设计	导论	1. 组织设计与工作分析的重要性、地位：需要将组织设计与工作分析放到整个人力资源管理系统中、整个管理职能中去理解其地位与作用，客观看待。 2. 本课程的内容框架、学习方法。	1. 树立系统观、整体观。 2. 让学生树立正确的世界观、价值观和人生观。 3. 培养爱岗敬业精神、职业素养。
	组织设计理论基础	1. 不同时期的组织理论：中国古代组织思想与理论的有关论述（孔子强调组织内和谐，孟子的专业化分工思想，荀子对组织重要性的论述等）。 2. 组织理论的新发展。	1. 文化自信、人文底蕴。 2. 了解专业发展趋势，顺势而为，把握发展方向。
	组织设计权变因素	环境的不确定性、组织战略等对组织结构设计的影响：创新驱动发展战略对组织结构的影响；营商环境法治化对结构设计的影响（中兴通讯案例）；碳中和、生态文明建设对组织设计的影响等。	1. 形成系统观和权变观点。 2. 了解国家发展战略、国情社情，紧跟时代热点。
	组织结构设计	组织结构设计的原则方法：习近平2021年人才工作会议上指出“要用好用活各类人才，对待急需紧缺的特殊人才，要有特殊政策……”，分析探讨因事设岗和因人设岗的问题。	了解当前国情民情、相关政策精神。
工作设计	组织岗位与编制设计	岗位设计的原则：工作环境优化原则；员工能力开发原则，坚持科学性，保证员工正常休息时间等。	树立以人为本的管理理念。

续 表

内容模块	教学内容	与课程思政相契合的内容材料	思政育人目标
工作分析	工作分析概述	1. 世界史中，最早论述社会分工问题的是中国古代政治家管仲。中国古代思想家对分工早有研究，不乏独到见解。 2. 工作分析在招聘、绩效考核、薪酬体系设计、培训等人力资源管理模块中的应用。 3. 工作分析的发展趋势：系统的、预测性的工作分析。	1. 文化自信，培养爱国精神。 2. 职业认同。 3. 系统观。 4. 把握工作分析发展趋势。
	工作分析组织与实施	1. 工作分析是一个系统的过程，每一环节相互关联。 2. 工作分析不是客观记录岗位信息，而是要进行科学分析。	理性判断、系统思考的思维方式。
	工作分析方法	1. 工作分析方法使用中的注意事项。 2. 工作分析方法的选择。 3. 运用工作分析方法采集岗位信息。	1. 严谨细致的工作作风、理性判断的思维方式。 2. 增加对不同岗位的了解，树立职业平等观。 3. 信息采集和整合能力。
	工作分析结果	1. 通过工作说明书了解不同岗位。 2. HR相关岗位工作规范中对任职者能力素质的要求。 3. 编写工作说明书，分析其中的问题。	1. 增加职业认同感，培养爱岗敬业的职业素养、以人为本的管理理念。 2. 综合分析能力、思维的系统性、逻辑性。 3. 增加对不同岗位的了解，有利于树立职业平等观。

三、巧融思政素材，采用多元化嵌入方式

通过教学设计将课程思政素材巧妙融入教学内容，达到时政、正能量和先进思想理念的无痕传播，使学生在掌握专业理论知识、实践操作技能的同时了解大局时政，树立正确的态度、价值观和科学观。思政素材的嵌入方式有。

（一）历史溯源，文化寻根，引领文化自信，增强民族自豪感。各门课程都要讲到其自身的历史起源与发展，从学科历史起源入手寻找，结合课程从我国相关古代历史或现当代史中探寻相关的先进思想理念、先进文化、优秀成果、杰出典范，引领学生坚定文化自信，增强民族自豪感。

（二）紧扣当下社会现实，采用与政策时代背景紧密相连的鲜活案例来分析阐述问题。通过案例让学生了解当前的发展局势，如“组织与工作设计”课程中关于战略对组织结构的影响一节，可以通过讲授创新驱动发展战略对组织结构的影响，营商环境法治化对结构设计的影响，碳中和、生态文明建设对组织设计的影响等，让学生通过案例了解当前国家的战略、方针、政策等。再如，可以以国务院大部制改革作为案例进行分析，使学生深入理解组织结构的设计及职责的优化，在学习专业知识的同时了解国情。

（三）在分析课程专业内容或问题时，精心挖掘与寻找思政理论、当前政策或宏观环境作为依托，从中寻求理论支撑。如在工作设计模块的教学中，要对因事设岗和因人设岗两种岗位设计方式进行分析。因事设岗是工作设计中的一般原则，那么如何解释特殊情境下的因人设岗原则呢？这就可以结合2021年9月习近平在人才工作会议上的讲话来理解：“要用好用活各类人才，对待急需紧缺的特殊人才，要有特殊政策……”“要为各类人才搭建干事创业的平台，构建充分体现知识、技术等创新要素价值的收益分配机制，让事业激励人才，让人才成就事业”。在此背景下，一些特殊人才、高精尖人才完全可以根据个人特点设置相应岗位以充分发挥其作用。这样，学生既能加深对专业知识点的理解，同时也了解了国家的人才政策。

（四）在实践教学中，加强总结反思，引导学生感悟思政内容，使其树立和培养正确的态度和价值观。如在工作分析模块的教学中，侧重实践教学，先由学生亲身实践，然后在课堂上将成果进行汇报交流，通过学生互评交流、教师评价等环节让学生充分认识到自身实践中的可取之处和不足之处，进而引导学生树立系统思考的思维方式、严谨细致的职业态度、实事求是的科学精神、理性判断的思维习惯等。

（五）把理论知识提炼升华，融入育人元素，或选取蕴涵育人元素的现实案例作为讲解知识点的素材。如在工作设计时应使人尽其力、物尽其用，遵循工作满负荷原则，还有工作环境优化原则、员工能力开发原则等，这些原则的实质就是以人为本的管理理念的体现。再如工作设计模块中，“富士康十五连跳”事件的原因之一就是岗位设计过于简单枯燥，忽视了人的主观能动性，违背了工作设计人员以能力开发的原则，这就是缺乏“以人为本”管理理念所导致的悲剧。

（六）引经据典，旁征博引，增强文化底蕴。如讲到工作分析方法的选择，“工欲善其事，必先利其器”；如讲到组织作用，荀子有云“君者，善群也。群道当，则万物皆得其宜。故人生不能无群，群而无分则争，争则乱，乱则离，离则弱，弱则不能胜物”等。

四、层进浸润熏陶，优化课程思政教学方法

为了达到润心无痕的育人效果，本课程根据教学目标与教学内容的需要，在课堂讲授理论知识的基础上，巧妙地采用案例教学法、角色扮演法、情景模拟、体验实践和翻转课堂等多种教学方法，综合运

用，形成了层层递进的浸润教学模式，使学生逐步深入课程内容及其内涵，达到浸润于心的良好教学效果。

（一）讲授法

运用讲授法，引导学生掌握组织理论与工作分析的相关理论知识与实践操作要点，夯实专业基础，提高分析与理解能力，并进一步指导学生进行自主学习。

（二）案例法

在本课程的教学中，根据教学内容和进度，穿插了各类案例，有引导案例、学习案例、讨论案例等，将案例教学贯穿始终。在课堂讲授基本知识点的基础上，运用案例教学与讨论，组织学生进行相关问题的交流与讨论，培养学生的思辨能力、分析与解决问题的能力以及表达能力，进一步巩固、深化对基本知识的理解。

（三）角色扮演法

指在一个模拟的工作环境中，指定参加者扮演某种角色，借助角色的演练来理解角色的内容，模拟性地处理工作事务，从而提高处理各种问题的能力。本课程采用角色扮演的方式让学生现场扮演工作分析人员进行信息采集，并由教师进行现场指导。

（四）情景模拟

借助多媒体技术进行相关软件的情景模拟，使学生身临其境，切实掌握工作分析的操作方法与要点，加深对学习内容的体会和理解，掌握专业技能，进一步激发出学生的学习兴趣。本课程教学中情景模拟的使用重在使学生掌握工作分析、工作设计的具体操作方法与流程。

（五）体验实践

以小组为单位进行工作分析的亲身体验实践，使学生在实践中体会与掌握工作分析的相关技能；同时也是对学生专业能力、团队合作能力、沟通能力、解决问题能力等各项综合能力的一次锻炼与检验，充分调动学生的学习积极性和主动性。

（六）翻转课堂

是由学生于课前自学相关知识点，或进行实践操作，然后在课堂中由学生为主导进行提问或汇报交流，由教师针对学生的具体情况有针对性地予以解答或评析。其流程设计为：小组汇报—答辩—学生点评—教师评析—汇报小组提问—解答—总结。

五、课程思政教学效果与反思

对学生的调查结果显示，通过本课程的教学使学生较好地掌握了课程的专业理论知识与主要操作技能与方法；对学生的综合分析、团队协作、问题解决、人际沟通、信息采集等多项通用能力有较明显的提升作用；有利于帮助学生树立正确的人生观、职业价值观和职业平等观，提升了专业认同感、系统思考的能力与意识，培养严谨细致的工作作风、理性判断的意识与能力，增加了对社会的了解，较好地实现了课程目标。在今后的课程建设中，还需注意以下两点。

（一）课程思政内容的融入需与时俱进。对于紧密结合社会热点、政策背景、时代背景的内容应注意紧跟现实，与时俱进，及时将相关内容融入课程。

（二）把握好课程思政的度，既不喧宾夺主，也不蜻蜓点水。一方面要把课程思政与思政课相区别，不能完全将课程的育人功能取代专业知识与技能的学习，另一方面要注意不能把零星地、碎片化地在课程中增加几个课程思政元素就视为课程思政。课程思政建设应是系统化的，因此要全面系统地梳理课程内容，找到其蕴涵的思政元素，探索适恰的方法，构建课程思政的内容体系、方法体系和工具资源体系。

“城市社区管理”课程思政案例

——小人物撬动大环境:“巧克力女孩”的结构化力量

周幼平*

党的二十大报告指出，“教育是国之大计、党之大计。培养什么人、怎样培养人、为谁培养人是教育的根本问题。育人的根本在于立德”。这为中国特色社会主义高等教育事业发展指明了方向，为新时代我国高等教育的改革发展提供了根本保证。对高校专业课而言，如何使课程专业内容与课程思政无缝结合，从而起到润物细无声的育人效果，是高等教育课程思政普遍面临的关键问题。

为深入贯彻落实二十大报告精神，上海师范大学哲学与法政学院公共管理系积极开展教学研讨，探索将专业课教学与“课程思政”有机融合的有效路径。本文主要以“城市社区管理”课程的部分内容为例，展示“零距离”案例作为课程思政元素融入专业课课程教学的思路及方式。

一、课程思政案例教学思路

相较专业课知识点蕴含课程思政素材的不确定性，案例可谓专业

* 周幼平，上海师范大学哲学与法政学院讲师，法学博士，主要研究方向为社会治理与社会政策。

课课程思政中最丰富多样、最灵活和较高确定性的选择。因此，本身即为效果较好教学方式的案例教学成为课程思政最具挖掘价值的选择之一。通过精心挑选和编写的案例，不仅有助于学生融会贯通、深刻理解所学的专业课程知识，而且案例本身蕴含的多维知识和思想使其成为天然同时也是最好的无缝结合课程思政内容。

然而，由于部分案例存在时间久远、空间距离遥不可及以及层级不同等问题，会不同程度使学生产生淡漠、疏离等隔阂感。可见，共同点的缺少会导致难以引起共鸣、同理心等问题，从而在很大程度上削弱案例的效果。

针对课程思政案例教学中所存在的这一问题，公共管理系教师摸索出“零距离”案例、情景扮演和现场教学三种教学设计思路。前者由任课教师与辅导员等合作，从学生学习和生活的环境中甄选、编写相应能引发兴趣、触动内心的“零距离”案例；后两者则通过扮演或者现场环境赋予经典案例引发学生共情、感染学生的能力。下文以上海师范大学哲学与法政学院“零距离”的“巧克力女孩”事件为例，展示“城市社区管理”专业课课程思政案例教学。

二、课程思政“零距离”案例教学设计——“巧克力女孩”

（一）社区管理方法中结构化理论的讲解及讨论：从20世纪60年代，理论界存在的行动和结构的二元对立开始展开，详细阐述吉登斯的结构化理论的主要内容。在讲解的过程中，融入社区管理工作中同样存在的行动和结构的二元对立问题，引导学生结合社区工作实例对两者展开讨论，指出社区善治结构的形成是一个不断结构化的过程，结构只有通过人主体的行动才能存在。结构化理论为人们理解社会事实提供了有益的启示，而且为如何建构一种有助于推动社区走向善治的结构提供了理论支持和指导；从而激发出学生对社区管理实践中应该如何处理两者之间关系的兴趣，为“巧克力女孩”事件的导入做好铺垫——下面，我们以本院研究生陈真真（即“巧克力女孩”）的真实案例为例，具体展示结构化理论以及如何建构推动善治的结构。

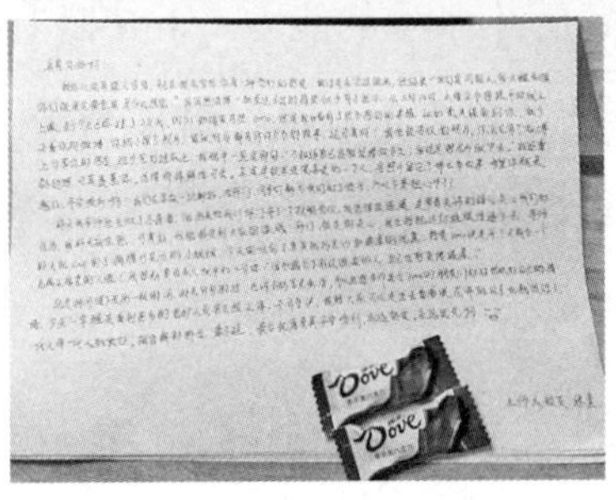

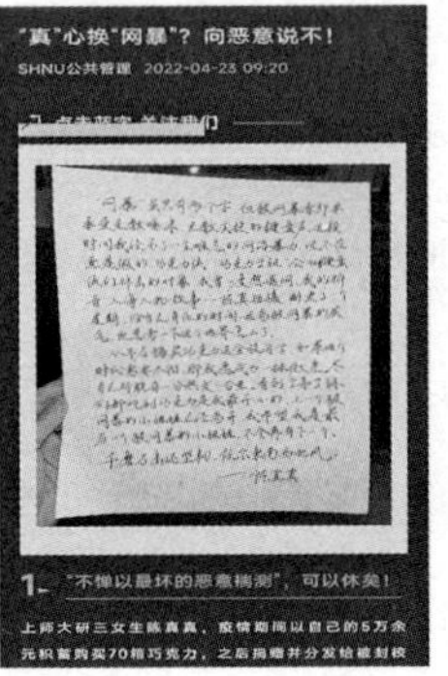

（二）以“巧克力女孩”事件为例，分析社区中的行动与结构化：借助多媒体设备、教师富于情感的语言进行展示和描述，并通过“问题导向”的教学方法引导学生深入思考这一事件中各方行动者能动性和社会结构之间的互动以及演变。

4月初，上海师范大学哲法学院研三学生陈真真拿出自己勤工俭学积攒的一大部分——5万元零8分——买了78箱近200斤巧克力，送到了上师大徐汇校区，想给封校大半个月的校友带去一些安慰。但等待她的除了同学们的感谢，还有潮水般的质疑和嘲讽……

事件第一阶段：

在进行行动时，行动者陈真真有其行动的理由（较长时间封控带来的心理健康等潜在问题/“我辅导员之前说过一个安慰同学的话，就是你们不要不高兴，等我出去给大家买巧克力吃”。一方面，对许多“90后”而言，巧克力在某种程度上意味着礼物、能量的补充以及甜食带来的额外快乐。另一方面，从执行性考虑，陈真真则认为，巧克力更小巧，在运输的过程中相对方便，不会太消耗人力）和动机（想给在校师生带去一点安慰和温暖/说实话，我之前登上过电视台，都火过了，何必花这个钱呢？我有病吗？），而且还能对自己的行动及所处情境的社会和物理特性进行反思性监控（我做的是好事情/在那之前，我很喜欢和网友互动。我有一个抖音号，拍了很多上海的人物故事，在这之前也有20多万粉丝了。这次巧克力事件之前，评论也经常有“99+”，但都是温暖的互动。）。

但是行动者的知识又是不完全的，故而其行动总会遇到一些“未被认知的行动条件”（网民存在不同的心态，有善良感恩也有嫉妒怨怼的——这就是社会结构——现在全都变了。我开号两年以来，第一次这么抗拒打开抖音/疫情暴发之后，网上戾气挺重的。)，并进而导致一些“非预期的行动后果”（网暴——包括但不限于恶意揣测她的身份、意图，没来由对她人格侮辱，甚至怂恿她自杀……作为一个当事人，我退网的那一周是最难受的。差不多是从4月2日开始，我每天醒来打开抖音和微博，消息提示都是“99+”，不用看都知道里面涵盖了各种骂我的话，我厌恶看到那些数字，点都不想点开。)。

“规则并非一种外在于个体行动过程的实在，而是高度依存行动者在具体实践过程中对它所做的理解和发挥的一种存在”。[1]受限认识能力，行动者陈真真做好事会有善意回应的规则认知在捐赠巧克力的实践中受到了沉重打击。行动者陈真真运用自己对规则认知的知识采取了适当的行动（捐赠），测试和确认了其行动所牵涉的规则（网暴代表的木秀于林，风必摧之）。如果事情像一些被网暴的悲剧事件一样发展，网暴这一“非预期的行动后果”可能会反过来成为“未被认知的行动条件”（即社会结构），从而改变结构化的方向——由于受制于未意识到的行动条件，行动者（陈真真）的反思性监控及行动的理性化可能会阻止其再次做出类似的行为（一度想退网）。

好在这一事件并未如此发展——

事件第二阶段：

社会结构并非外在于个人行动，而是由规则和资源构成。社会行动所牵涉的资源包括分配性资源和权威性资源，它们是行动者在互动过程中不断地再生产出来的。权威性资源即“权力生成过程中所涉及的非物质资源，来源于驾驭人的活动的能力，是某些行动者相对于其他行动者的支配地位的结果”。[2] 实际上，特定话语结构的形成和扩散也隐藏着看不见的权力控制。网暴由于人数优势等形成的话语霸权，使陈真真感受到权威性资源（行动能力）的不足（双拳难敌四手），影响着其对规则的测试和确认（一度想退网）。

好在“资源又非独立于行动之外，而是存在于社会环境中，社会成员在行动中赋予其各种各样的意义，从而影响规则的建构”。这一事件中（包括上海师范大学哲学与政法学院师生在内的）其他社会成员的资源积极卷入到行动中，其赋予的正面意义最终影响了规则的建构（她从没后悔做这件事）。

哲法学院在书记、院长的领导下积极行动，法律系老师为其提供法律援助、学院公众号为其发声等。

上师大同学纷纷表达支持和感恩—真正让我受鼓舞的，是我被网暴的这些天，上师大的同学和学弟学妹们也一直给我发消息鼓励我、支持我、安慰我。不少原本素未谋面的校友加了我微信，给我发了很多图片，一粒粒巧克力被摆成了爱心和鲜花的形状，或者“西七”“东五”的字样，那是我们宿舍楼的代称。还有几位同学拿起吉他，边弹边唱最近很流行的那首《听我说谢谢你》，录下来发给我。

有一位同学写了一封长长的信，在信里她告诉我，收到巧克力后，“突然觉得一些表达不出的感受有了出口”。很多人的表达更加直白，收到的时候就哭了。

在同学间，陈真真还获得了一个称号——“巧克力侠”，陈真真喜欢这个名字，后来，她还把这个名字写到了自己的抖音账号简介里。

此外，众多网友甚至各个平台也通过各种方式予以支持。微博、抖音、快手等多个平台客服也联系上了她。有平台告诉她，可以整理恶意评论和私信交由平台处置；还有平台表示愿意同步和推荐她的发声视频作为声援。此前扒出陈真真照片的微博博主，被微博官方作禁言处置。“我没有这么大的能量（去影响监管），但这（网暴专项治理行动）是对我的一种鼓励。”陈真真说道。

最终，经历了过去20天的割裂与混乱，这个26岁的女孩声音里只剩下疲惫，但她从没后悔做这件事。校友们给了她很大的支持，在上海这几年认识的朋友和现实中人与人的温情，也让她重获力量。反思性监控后的选择表明包括上海师范大学哲法学院师生在内的其他社会成员的资源及其赋予的意义影响了结构化的最终结果——指向善治的社会主义核心价值观得以弘扬，反而网暴者这些行动者面临的“非预期的行动后果”（不得民心）会反过来成为“未被认知的行动条件”（互联网并非法外之地）。

（三）课堂讨论：结合案例，引导学生进一步掌握结构化理论知识点及社区管理方法的同时，通过“问题导向”引导学生体会案例的课程思政内涵。

（四）课后强化：为巩固学生对专业课及课程思政内容的理解，布置作业，让学生尝试发掘并分享身边的类似案例，并通过学生间的作业讲评环节进一步巩固。

三、课程总结

通过对“巧克力女孩”案例的讲述，一方面，使抽象的结构化理论内容丰富化、具体化和形象化，使课堂教学内容活泼、充实而又容易理解；另一方面，由于使用了多媒体设备展示、“问题导向”的引导和教师融入情感的语言表述，激发起同学们极大的学习兴趣。更重要的是：① 结构性特征既是其实践的条件又是其实践的结果这一知识点和“巧克力女孩”的案例，揭示出“善”的社会结构需要也可以由个体能动性活动维持和再生产，有助于增强学生的社会责任感；② 陈真真的行动中体现出我国传统的乐于助人、轻财好义文化，有助于增强学生的文化自信；③ 正能量的社会结构事实高度依存于行动者实践中的观察和理解，包括上海师范大学哲法学院师生在内各方的声援，最终使正能量的社会结构得以显现，极大地提升了学生的“四个自信”；④“巧克力女孩”此次行动的结果再生产出“善”的社会结构，能激发学生的行动热情；⑤ 网暴者被师生、民众与平台的批评和制裁，彰显了“互联网并非法外之地”；⑥ 吉登斯甚至说《社会的构成》一书无非是对马克思“人们自己创造自己的历史，但他们却不是随心所欲地创造历史，他们并不是在由他们自己选择的条件下创造历史，而是在他们直接遇到的，既定的，由前代人传承给他们的条件下创造历史”观点的更深入的发挥和反思。借由这一事件在课程中的探讨，可以增强学生们的理论自信。

参考文献

[1] 谢立中.主体性、实践意识、结构化：吉登斯“结构化”理论再审视［J］.学海，2019（4）：40-48.

[2]［英］安东尼·吉登斯.社会的构成：结构化理论纲要［M］.李康，李猛，译.北京：中国人民大学出版社，2016: 351.